家庭教育

ATING JIAOYU

三年级

总 主 编——朱永新
本书主编——李福灼 童喜喜

漓江出版社
·桂林·

图书在版编目（CIP）数据

家庭教育．三年级 / 朱永新总主编；李福灼，童喜喜主编．-- 桂林：漓江出版社，2023.8
ISBN 978-7-5407-9134-6

Ⅰ．①家… Ⅱ．①朱… ②李… ③童… Ⅲ．①小学生—家庭教育 Ⅳ．① G782

中国版本图书馆 CIP 数据核字（2021）第 160084 号

家庭教育　三年级
JIATING JIAOYU SANNIANJI

总 主 编　朱永新
本书主编　李福灼　童喜喜

出 版 人　刘迪才
选题统筹　李　弘
责任编辑　杨海涛
装帧设计　黄　洁
责任监印　杨　东

出版发行　漓江出版社有限公司
社　　址　广西桂林市南环路22号
邮　　编　541002
发行电话　0771-5825315
邮购热线　0771-5825315
网　　址　www.lijiangbooks.com
微信公众号　lijiangpress

印　　制　广西民族印刷包装集团有限公司
开　　本　787 mm × 1092 mm　1/16
印　　张　12.25
字　　数　188千字
版　　次　2023年8月第1版
印　　次　2023年8月第1次印刷
书　　号　ISBN 978-7-5407-9134-6
定　　价　32.00元

丛书编委会

总主编　朱永新　国家全民阅读形象代言人。全球最大教育奖项“一丹教育发展奖”得主，国际“爱阅人物奖”得主，“中国阅读三十人论坛”成员，新教育实验发起人，新阅读研究所创办人。出版《未来学校》《致教师》等专著数十部，作品版权输出美国、法国、德国、日本等，被译为31种语言。被评为“中国十大教育英才”、中国教育60年60人、“为了公共利益”年度人物、“2020年度全国政协委员优秀履职奖”等。

执行主编、小学学段主编　童喜喜　儿童文学作家，教育学者，说写课程创始人。中国十大作家奥运火炬手，全国推动读书十大人物，教育部“全民阅读标准建设工程”咨询专家，美国哈佛中国教育论坛第一位儿童文学作家，“中国阅读三十人论坛”成员兼秘书长。作品输出海外，被译为3种语言。

学前、幼儿学段主编　文萍　广西幼儿师范高等专科学校校长，广西教育学会副会长，教育部职业院校教学指导委员会中小学教育专门委员会副主任委员。

学前、幼儿学段主编　杨咏梅　中国教育报家庭教育周刊原主编，第二届中国家庭教育“十佳”公益人物，中国家庭教育学会宣传教育专业委员会副理事长，中国教育学会家庭教育专业委员会常务理事。

小学学段主编　李福灼　南宁师范大学教师教育学院院长。教育部国培计划专家库专家，教育部中小学校长国家级培训专家库专家，教育部—联合国儿童基金会“社会情感学习（SEL）”项目国家级专家。

初中学段主编　石鹏　广西南宁市第十四中学校长，“全国家庭教育创新实践基地”学校带头人，曾获“全国模范教师”“全国优秀教师”“特级教师”“广西基础教育名校长”等荣誉称号。

初中学段主编　殷飞　南京师范大学心理学院副教授，南京师范大学家庭教育研究院副院长，江苏省家庭教育研究会副会长，中国家庭教育学会常务理事。

高中学段主编　王文蓉　南宁师范大学教师教育学院副院长，硕士生导师。教育部全国中小学幼儿园教师培训专家工作组专家，教育部国培计划专家库专家，教育部校长国培计划专家库专家，教育部—联合国儿童基金会“社会情感学习（SEL）”项目国家级专家。广西家庭教育研究会副会长，广西教育学会家庭教育专委会理事长。

高中学段主编　翟博　中国教育报刊社原党委书记、社长。在理论研究、教育研究、新闻和文学写作等多方面取得丰硕成果。

本书编委会

总 主 编：朱永新

本书主编：李福灼　童喜喜

副 主 编：邓立玲

本书作者：邓立玲　陆　欣　蒙燕玲
李晓琳　任毓萍　黎玉兰

总　序

家庭是教育的起点

朱永新

我们培育的孩子，是中国美好的明天，是我们共同的未来。每个大人都希望孩子有出息，希望今天的孩子是明天的人才。

但是，无论父母还是老师，我们很多大人在面对孩子的许多问题时，经常力不从心，不知所措。遇到困难的大人们，无论是渴望家庭教育方法的父母长辈，还是希望引导父母做好家庭教育的一线教师，不仅需要倾诉和聆听，更需要得到指导和帮助。这一套为家长量身打造的“家庭教育”丛书，正是为此应运而生。

为了让这套“家庭教育”丛书能够得到更好运用，在编写过程中，我们对各个环节进行了精心的设计。

我们针对0～3岁、幼儿园、小学、初中、高中五个阶段，分别邀请专家学者进行主编:《中国教育报·家庭教育周刊》主编杨咏梅和广西幼儿师范高等专科学校校长、教育学博士文萍主编0～3岁阶段和幼儿园阶段的内容，新教育萤火虫亲子共读公益项目创始人、原新家庭教育研究院理事长、著名儿童文学作家童喜喜和南宁师范大学教师教育学院院长、教授李福灼主编小学阶段的内容，南京师范大学教授、新家庭教育研究院副院长殷飞和南宁市第十四中学校长、正高级教师石鹏主编初中阶段的内容，中国教育学会家庭教育专业委员会常务副理事长、中国教育报刊社原党委书记兼社长翟博和南宁师范大学教师教育学院副院长、广西家庭教育研究会副会长王文蓉主编高中阶段的内容。

这五个阶段的主编，都是活跃在一线的优秀专家，在学术研究上各有造诣，都是家庭教育工作的资深学者，常年奔走在全国各地，对家庭教育的一线情况如数家珍，不仅有着广泛的影响力，更对不同地区的家庭教育特点有着全面把握，让这套丛书的内容能够更好地覆盖不同群体。

我们反复研讨，提出了诸多具体细致的编写要求。比如写作中，围绕相同问题，需要归纳不同背景、不同环境下容易出现的不同类型的状况或做法，分门别类地进行指导，从而让读者在阅读中更容易发现自己的问题和不足，选择方法时更有针对性等。

我们组建了由在中小学、幼儿园工作的优秀教师和全国各地的“新教育种子计划”公益项目的榜样教师组成的作者团队。这些作者本身就活跃在家庭教育的一线，他们每个人都在为丛书添砖加瓦，使得这套丛书更接地气，进一步提高其实用性。

我们以“过一种幸福完整的教育生活”作为宗旨，在内容中贯彻诸多家庭教育的根本理念，如“教育，从家庭开始”“幸福比成功更重要，成人比成才更重要”“阅读和家庭，是教育的两大基石”“母亲是女人最神圣的天职”“父亲是男人最重要的工作”“与孩子一起成长”“教育需要智慧爱”等。

我们反复推敲丛书的体例，形成了一个严密而高效的结构——

导语，对单元目标进行提纲挈领的把握。

案例分析，以当下事件为切入点，提炼重大问题，有的放矢。

了解孩子，明确不同年龄段孩子的主要特点，增进多方了解。

实施指南，以简明扼要的语言提供具体方法。

延伸拓展，围绕相关主题，推荐更多图书、影视或亲子活动，便于按图索骥，亲子共读、共赏、共乐。

评估改进，以现实生活中易犯的错误，结合章节的主题，编写测试题，供读者自测、自评，拟订行动计划。

鲜活的案例、务实的分析、高效的方法、贴心的测评，我们相信，这套丛书能够成为家庭教育的高参，成为家校共育的锦囊。

其实，在收到主编这套“家庭教育”丛书的邀请之时，我犹豫了很久。一是因为本职工作已经非常忙碌，主编一套丛书需要不少时间；二是因为早在几年前，我已经组织编写过一套同类题材的图书。最终，考虑到漓江出版社当时是应教育部门的委托前来邀请，考虑到有了此前的经验能够弥补一些不足，可以进一步提高家庭教育的有效性，我还是答应下来。

我知道，理念转化为图书容易，方法转化为行动艰难，所以我们从不同层面，推动着行动。

我把主编这套丛书的稿费100%捐赠给江苏昌明教育基金会，用于开展更多家庭教育研究和实践。

这套丛书的主编团队、作者团队，不仅会完成这套丛书的编写，还会在更多家庭教育的活动中，身体力行地帮助家长、教师、社会工作者运用这些知识。

在漓江出版社的支持下，由“家庭教育”丛书的编写委员会执行主编、小学阶段主编童喜喜以中国儿童文化艺术基金会“新孩子”专项基金和新教育新阅读研究所统筹组建的公益团队，已经在为城市、乡村等不同处境的父母群体细化研发更有针对性的课程，密切关注留守儿童成长问题、隔代教育问题等，并借助网络的便利，以公益的方式，将以“新父母双师网校”为载体，以“新教育种子计划”“新教育萤火虫亲子共读”等公益项目，为父母、老师提供更多跟进指导。

这套丛书的内容得到了许多学校的认可。如今越来越多的学校教育工作者发现：家庭教育做好了，学校教育的地基就坚实了。所以，我们也和漓江出版社多次沟通，根据学校的特点和要求进行相应调整，专门推出了适合学校工作的版本，便于学校组织开展家庭教育工作。

陶行知先生说过：“生活即教育。”家庭教育正应该成为这样的生活。教育应以万千家庭的生机盎然，组成新时代的蓬勃原野。

感谢漓江出版社的信任，感谢参与编写和创作的全体专家、老师认真勤奋、卓有成效的工作。错漏之处，敬请读者们多多指正。

家庭是教育的起点。起点稳了，方向对了，基础就牢了，孩子就好了，家庭就和谐了，教育就完整了，人生就幸福了。让我们一起努力，用好教育建设我们的好家庭！

2022年8月13日写于高铁途中

开　篇　语

认识自我，寻找榜样

孩子一上三年级，家长们就会发现：那个常常黏在身边的小可爱不见了，喜欢自己捣鼓，自己玩乐去了；那个乖巧听话的“小绵羊”开始变倔了，总爱唱反调了；那个学习还不错的孩子，成绩好像有点退步了……这时候的孩子既好奇又迷茫，想独立自主，可又不够成熟。面对孩子出现的这些小插曲、小变化，家长感到困惑、焦虑，想改变孩子的反常行为。但是，家长在教育孩子时如果使用了不恰当的教育方式，要么毫无效果，要么适得其反，有时候甚至会引发亲子矛盾。

三年级是孩子养成良好习惯的黄金期，是孩子成长的关键时期。本册书围绕“认识自我，寻找榜样”这一核心主题，从“家风建设”“习惯养成”“幸福学习”“友善关系”“健康成长”“与校共育”六个方面，用生动的案例和具体的策略，帮助家长用正确的方式解决孩子出现的问题，让家长从多角度深入思考，更新家庭教育理念，提高自身素养与育儿能力，建设良好家风，助力孩子认识自我，在榜样力量的影响下，成为更优秀的人。

教育始于家庭，家长的教育理念、教育方式对孩子的成长有重大的影响。在教育孩子的路上，家长只有更好地了解孩子、懂得孩子，做孩子的良师益友，做孩子的指路明灯，才能让孩子更加茁壮成长。希望家长和孩子一起学习、一起进步，让孩子健康成长、学会自我管理，让幸福从此扬帆启航！

目 录

三年级上册

“树立好榜样，涵养好家风”，从来不是简单的一句话几个字。家是培育孩子成长的土壤。寻找好榜样，从孩子喜欢的人开始吧；追求卓越，那得先让孩子学会明确方向，自我完善；想让孩子成为一个积极向上的人，就离不开一家人一起面对压力乐观生活的共同努力。

“学会独立”，光对孩子说这句话，效果是不佳的，要落实到具体的行为习惯培养中来。生活、学习、消费这些方面的良好习惯的养成都离不开家长平时的教育和引导。首先，“狠下心”来，让孩子独立；其次，引导他学会自我管理、规划时间、合理消费，才能够独立自主、自强不息。

孩子的学习不能总依赖父母。家长帮助孩子掌握正确的学习方法，主动学习，爱上学习。而帮助孩子知道如何合理地表达自己的想法和看法，则帮助孩子融入社会，为未来发展打好基础。

三年级下册

父母都希望孩子不是“小透明”，不做“墙头草”，拥有好人缘。家长要引导孩子学会交朋友，让孩子与人友善相处；要有自己的主见和观点，能顾及别人的想法；要具备独立人格，有与人团结合作的气度和能耐，走好人际交往的每一步。

孩子缺乏自信，爱发脾气，总是衣来伸手，饭来张口，实际上，这些都和父母的家庭教育方式有关。因此，父母要有意识地引导孩子认识自己的情绪，认真理性地面对自己的长处和不足，认同自己；多给孩子锻炼自我的机会，健康快乐地成长，循序渐进地成才。

孩子在校园中生活离不开校园活动，如何让孩子敢于展示并在展示自我中不断成长？家校携手，是最好的方式。因此，家长不仅要善于为孩子搭建展示的平台，鼓励孩子多参与校园活动及各种志愿服务，还要学会与其他优秀家长交流经验，共同进步。

三年级上册

第一专题 寻找榜样，建设家风

在家庭教育中，家长言传身教，形成积极向上的好家风，为孩子树立榜样、寻找榜样，让孩子明确目标、完善自我，对孩子的成长起着至关重要的作用。

三年级的孩子年龄还比较小，在很多方面还离不开家长的帮助。对如何寻找榜样、追求卓越，让自己变得积极向上，孩子依然会感到迷茫、不知所措。如果没有得到家长的引导和帮助，孩子就不懂得如何向榜样学习，不懂得怎样缩小自己与榜样间的差距；如果没有努力的目标，不懂应对所面对的困难，或许孩子的发展就会因此出现停滞不前或倒退的现象。

本专题我们将从如何引导孩子寻找喜欢的榜样入手，让孩子在生活、学习中明确目标，认识差距，弥补不足，不断完善自我，从而在面对困难的时候从容应对，积极向上，乐观生活。

对标榜样
——与孩子一起寻找榜样

案例分析

案例一：正确的榜样教育引领孩子进步

琪琪是一个乐观积极、擅长交友的孩子，虽然她在班级中各方面表现还不错，但是进步的空间还很大。妈妈留心观察了琪琪身边的朋友，他们各有所长，可是琪琪却没学到他们身上的优点。于是妈妈和琪琪开展了一次“寻找身边榜样”的亲子活动，各自找找身边值得学习的人和他们身上值得学习的精神品质等。经过妈妈的点拨，琪琪明白了“三人行必有我师”的道理，很快找到了学习的榜样，并学会了怎样向榜样学习。经过努力，琪琪得到了很大进步。

案例二：错误的选择会加重孩子的自卑心理

阳阳想学很多东西：看到有人学自行车，他想学；看到有人学唱歌，他也想学。他好奇心强，什么都想试试，但往往只有三分钟热度，坚持不下去。这一次，他羡慕班上会打篮球的同学，也想学篮球。爸爸妈妈尽己所能满足阳阳的愿望，专门送他到镇上学打篮球，可是没学多久，阳阳就想放弃了。妈妈问他：“为什么不学了呢？你告诉过妈妈，你要向班上的同学好好学习呀。”通过与阳阳沟通，妈妈了解到，阳阳内心其实是很不自信的。他觉得自己的学习能力不强，学东西比别人慢，什么都不及别人学得好；自己的交际能力、自理能力也较弱。他什么事情都爱抱怨，觉得周围的人都比他强，认为自己这也做不好、那也做不好。

案例一的琪琪通过榜样的引领，越做越好，可见生活处处有榜样，榜样能够为孩子指引前进的方向。案例二的阳阳由于自身的性格特点，没能借助榜样的力量让自己变得更强大，反而更自卑了。这就需要家长根据孩子的自身特点来引导，选择的榜样尽量不要都是孩子身边熟悉的人，如果孩子觉得周围的人都比自己优秀，可能会让孩子产生自卑心理。

家长应引导孩子选择具有代表性的先进人物作为孩子学习的榜样。在榜样的激励下，孩子的思想、行为都会朝着积极的方向前进，这种现象称为“榜样效应”。榜样效应对孩子的成长有着巨大的促进作用。找对了榜样，就像得到了一种动力，能引领孩子发愤图强；找对了榜样，就像获得了一股力量，能让孩子信心百倍；找对了榜样，就像滋长了一种精神，能促使孩子不断前行。寻找榜样、树立榜样，不仅仅是孩子自己的事情，也是家长的责任，需要全家人的共同努力。

家长在为孩子们寻找榜样、树立榜样时为什么会状况百出呢？究其原因，以下几个方面值得家长注意：

1. 孩子需要家长的引导

德国著名哲学家雅斯贝尔斯曾经说过：“教育的本质是心灵的教育，是一棵树摇动另一棵树，一朵云推动另一朵云，一个灵魂唤醒另一个灵魂。”在家庭教育中，父母对孩子的引导至关重要。很多家长抱怨：向榜样学习的道理，孩子其实都知道，也知道“近朱者赤，近墨者黑”，知道向别人学习能够提高自己，能看到别人身上值得学习的地方，但孩子依然我行我素，对很多事情都提不起兴趣，一心只想着玩。这就需要家长唤醒孩子向榜样学习的内驱力，让孩子真切地感受到进步后的快乐远比玩乐的快乐来得美好。

2. 孩子自主选择榜样才能提高学习的积极性

三年级的孩子年龄小，且每个孩子都有自身的独特性，思维方式与成人有很大差异，判断是非的标准也与成人不同，如果直接将成人的标准强加于孩子，就会压抑孩子的发展空间。杜威认为，“选择”是“自我”最典型的特征。应让孩子根据自身特点选择自己喜欢且乐于接受和学习的榜样，家长只需为孩子提供建议、帮助和引导。同时，随着认知的变化和自身水平的变化，孩子可以重新选择榜样，逐步提高和完善自己，最终实现合适的目标。

案例一中，琪琪一开始没有向优秀同伴学习的意识，也不懂得榜样的力量，但是在妈妈的引导下，琪琪懂得了如何寻找榜样，如何向身边优秀的人学习。榜样的力量激发着琪琪改变自己的勇气和决心，她以榜样为标杆，不断地自我提升。琪琪的妈妈是一位智慧的妈妈，在引导琪琪寻找榜样时，不是强硬地要求琪琪“向某某学习”，而是态度温和、循循善诱，通过亲子活动，让琪琪找到自己喜欢的榜样。这样的教育方式，孩子更容易接受，也能收到更好的效果。

3. 孩子需要家长的鼓励

有的孩子能主动学习别人的长处，但是遇到困难容易退缩，很难坚持下去，这时家长千万不要拿榜样和自己的孩子相比较，这样不仅会打击孩子的自尊心、降低孩子的积极性，还可能会影响亲子关系与同伴关系。

有些孩子性格消极，对自己的认可度不够，容易过低地评估自己，从而产生自卑心理。这些孩子不能客观地看待自己与身边的人和事，总是不自觉地跟别人比较，认为自己在某些方面或各个方面都不如别人。孩子自卑感的产生，有两个原因：一是目标定得过高，连遭挫折的打击；二是与榜样相比在某些方面存在劣势，以致造成不良的自我暗示。对待已有自卑心理的孩子，父母应适当降低对孩子的要求，合理选择榜样，帮助孩子认识自己的优势，引导孩子向优秀的人靠拢，对孩子一点一滴的进步，及时给予肯定和鼓励，帮助孩子逐步建立自信心。

了解孩子

在寻找榜样时，有的孩子谦虚好学，有的不以为然，有的容易自卑。为什么会这样呢?

一、孩子容易产生骄傲的心理

三年级的孩子在情绪、情感上趋于成熟，有自己的一些小心思，容易沾沾自喜。有的孩子平时各方面表现都比较好，经常受到家长和老师的表扬，容易产生骄傲的心理，只满足于眼前取得的成绩，不能正确认识自己的不足，不接受他人的建议和批评。造成这种现象的原因可能有以下两个方面：

①家长的溺爱和过度的称赞

在大力提倡赏识教育的今天，一些家长缺少对孩子的挫折教育。家长的溺爱和片面的表扬，往往容易使孩子骄傲，看不到自己的不足，不能正确地认识自己。

②优越的家庭条件

如果孩子的家庭条件比较优越，就很容易使孩子滋长骄傲情绪，对此，若是家长没有及时进行正确引导，孩子就会渐渐形成虚荣自大的心理。

二、孩子还比较爱玩

爱玩是孩子的天性。适当的娱乐可以满足孩子的好奇心，有助于发展孩子的兴趣爱好，还能够劳逸结合，有益孩子身心健康发展。但是孩子不能一味地玩耍，还需要在学习中成长，在生活中悟情，在行为中明理。如果孩子对于向榜样学习持反对的态度，把家长的苦口婆心当作耳边风，或者用抬杠的方式拒绝学习、拒绝进步，家长就要重视起来，引导孩子改正贪玩的毛病。

三、孩子开始出现逆反心理

细心的家长会发现，孩子到了三年级，不再像一、二年级时那么听话了。因为三年级的孩子开始有自己的想法，但由于他们的思想还不太成熟，当父母帮助他们寻找榜样时，他们如果没有真正地明白其中的道理、没有追赶榜样的动机和愿望，就容易出现逆反心理。

孩子出现逆反心理主要表现为以下两个方面：

①不认同父母的观点

三年级的孩子尚小，自我认知能力还比较弱，对人和事物的认识有限，向榜样学习的动机不足，往往认为自己已经很好了，不明白为什么还要向他人学习。

②面对困难容易逃避

三年级的孩子会对自己的不足感到沮丧，难以获得自我价值感，有时不能积极地面对困难和挫折，而是采取逃避的做法。

孩子们对于为什么要向榜样学习，怎样寻找榜样是有不同看法的。我们不妨试着听听孩子的心声，和孩子进行沟通，去了解孩子的想法和感受。

1. 我希望得到妈妈的认可

妈妈老是叫我学学邻居的孩子，可是有什么好学的啊，我明明已经很好了。我是我们班的运动健将，还在学校运动会上拿了奖；我的学习也不差，对我来说学习容易着呢。妈妈总是觉得别人好，她为什么没看到我的好呢？

2. 我也希望成为更好的自己

有些事情我明明已经很努力了，但是就是没有别人做得好，妈妈总是会不高兴。难道我不想学习优秀吗？难道我不想每次跑步都超越别人吗？难道我不希望自己能写一手好字吗？可是我就是做不好。我不知道该向谁学，我也学不来啊！所以，现在无论妈妈叫我做什么，我都不做，不做就不会做不好了。

3. 我渴望拥有足够的娱乐与休息时间

当小孩真累！爸爸整天叫我“学学学”：我看会儿电视，爸爸叫我写作业；我玩一下玩具，爸爸叫我到小区里运动；我周末睡会儿懒觉，爸爸叫我参加兴趣班……为什么不是学这样就是学那样，不是学这个就是学那个？我想玩一会儿也不行吗？

4. 我不理解妈妈的“双重标准”

我总是想不明白，妈妈一味地要求我努力学习、积极锻炼、好好参加各项特长培训班，什么事都要做好，还要求我向榜样学习。可是我向谁学呢？更何况爸爸妈妈也不爱学习、不爱锻炼。再说了，别人家的妈妈一有空就陪着孩子读书、玩耍等，她为什么不学学别人的妈妈呢？

家长为孩子寻找榜样、树立榜样的目的，是希望孩子能从榜样身上找到值得学习的地方，让自己变得更好，但是孩子可能还无法理解家长的用心，这就需要家长根据三年级孩子的一些年龄特点，再结合自己孩子的具体情况，对症下药，才能让孩子乐于寻找榜样，学会向榜样学习。

实施指南

不管是什么样的孩子，家长态度温和，在正确认识孩子、了解孩子特点的基础上和孩子一起寻找榜样，孩子都会比较乐于接受。如何与孩子一起寻找榜样，为孩子树立榜样呢？我们可以从以下几个方面入手。

◆ 策略一：家长要先成为孩子的榜样

以良好的家风为孩子树立良好的榜样。家长是什么样的人、和孩子的关系怎么样、给孩子提供了怎样的家庭氛围，这些对孩子是否能健康发展非常重要。家长是孩子最亲密的人，家长的言行举止对孩子有着深远的影响。俗话说“有其父必有其子”，一般来说，家长谈吐优雅，孩子就会讲礼貌；家长喜欢读书，孩子就喜好读书。家长要引导、教育孩子，和孩子一起寻找榜样，就必须以身作则，先给孩子树立好榜样，这样一来家庭教育就更有说服力，能让孩子更容易接受。您要求孩子早睡早起，您是否从不熬夜玩手机？您要求孩子学会收拾自己的文具，您的家是否干净整洁？您要求孩子认真对待学习，您对待工作是否也是认真的？……这些都需要我们去深入思考。

此外，父母的教育态度和观念必须一致，只有这样才能共同教育好孩子，才能共同建设好家风。父母可以在日常生活中分工合作：爸爸树立好榜样，负责坐言起行；妈妈负责观察孩子的言行，适时提醒、引导。

“你怎么这么笨”“马上去做”“看看都几点了，还不去睡觉”，当铭铭模仿着妈妈的语气说出这些话的时候，铭铭妈妈震惊了：这不是平时我对铭铭说的吗？平时没注意生活中的细节，总是咆哮着对待孩子，原来父母的言行对孩子的影响这么大、这么深。今后要谨言慎行啊！

◆ 策略二：寻找身边的榜样，从他们身上汲取力量

生活中活生生、有血有肉的普通人，其优秀的道德品质也是孩子可以习得的，这容易唤起孩子的情感认同。同时，榜样也是可以有缺点的，正是其不完美才能让人感到真实，才不会让孩子觉得学习榜样是可望而不可即的事。

》》 1. 寻找熟悉的人作为榜样

榜样在孩子身边无处不在，可以是在村卫生室当医生的舅舅，可以是开小商店的大伯，也可以是同学的妈妈。家长要对孩子的具体情况进行分析，如孩子有什么优点和不足、需要在哪些方面有所提升等，再根据孩子的兴趣爱好，适当地加以引导，帮助孩子选择榜样。

家人和老师也可以成为孩子的榜样。家人和老师对孩子来说最熟悉不过了，他们可以帮助孩子更好地认识自己，并鼓励孩子在需要努力的方面不断进步。老师潜移默化的影响也很重要，他们经验丰富，可以积极地引导孩子朝着目标前进。

》》 2. 寻找优秀同伴作为榜样

同伴之间年龄相仿，有较多的共同语言，孩子往往在与同伴的交往中共享信息、技能，交流情感、想法等。优秀的同伴身上可能会表现出良好的性格、激励他人的能力、积极的价值观和克服困难的毅力等，这些都值得孩子学习。孩子喜欢寻找和自己有共同兴趣爱好、有某种特长技能或具有良好精神品质的同伴作为自己的榜样。

我叫婷婷。在生活中，我佩服的人很多，有学习好的，有跑步跑得快的，有写字写得好的，但在我的同学中，我最佩服的人是方方，她是

我们班劳动最认真的人。一次大扫除，我和方方被分到同一组，我们负责清洁同一扇窗户。教室里的其他同学，有的在扫地，有的在擦黑板，有的趁老师不在偷偷玩耍。为了快点完成任务，我三下五除二就擦完了窗户，拉着方方的手说："好了，好了，干净了，我们去玩吧。"方方冲我摆摆手，把抹布拧干，一下、两下、三下，不停地擦，大颗大颗的汗珠顺着她的脸颊流了下来。她认真地重复着手里的动作，直到把玻璃擦得干净透亮。她擦完窗户，又去帮别的同学扫地了。每次做值日生，扫地、擦黑板、倒垃圾这些脏活累活她总是抢着干。哪里需要劳动，哪里就有她的身影，别人做不到的她做到了。所以方方成了我佩服的人，成了我心中的榜样。

◆ 策略三：和孩子一起寻找名人榜样

不管是在教科书中还是在课外读物中，都有许多名人的感人事迹。这些人物故事虽然离孩子比较远，但他们为孩子在学习和生活中树立了一个标杆，无形中把正能量、真善美传递给孩子，润物细无声地浸润孩子的心田，让孩子把榜样的精神转化到日常行为中。家长可以让孩子多读名人成长的经历和奋斗的故事，让孩子有机会接触和感受名人的品质和精神。名人的榜样形象和名人的人生启迪将根植于孩子的心中，为孩子未来的发展发挥导航作用。如《雷锋叔叔，你在哪里》以诗歌的形式，用儿童易于接受的语言歌颂了雷锋的故事；在《邓小平爷爷植树》一文中，邓小平平易近人、做事认真的形象跃然纸上。家长应和孩子多读读这样的故事，感受伟大人物的人格魅力，在孩子的心中种下一颗真善美的种子。

让孩子多读名人故事，让孩子在阅读中塑造自己的品格，这样孩子更容易接受。父母说几十遍的道理，还不如孩子们看到他们喜欢的榜样的一个故事来得有效。这些名人虽然出身和经历都不同，故事所讲述的内容也都不同，但是每个人身上都散发着耀眼的光辉，用这样的方式，能更好地激发孩子的潜能，引导孩子形成良好的品格。

◆ 策略四：和孩子一起寻找时代楷模作为榜样

每个特定的时期，都有特定的英雄；各个行业，各个领域，都有值得敬佩的典范。一个个响亮的名字口口相传，一件件感人的事迹让人泪目。他们在平凡的岗位中倾心奉献，爱岗敬业，忠于职守。在互联网飞速发展的今天，孩子可以通过许多途径了解时代楷模的先进事迹。从郭明义到杨善洲，从张丽莉到张桂梅，一个又一个英雄人物不断涌现，还有“最美教师”“最美司机”“最美卫士”……他们的美，美在爱心、美在善良、美在奉献。新型冠状病毒肺炎疫情防控期间，涌现出一大批奋战在平凡而又伟大的工作岗位上的人，他们默默服务群众，永远冲在第一线，如医护人员、社区工作者、社区志愿者等，都值得我们敬仰，值得我们学习，都可以成为孩子们学习的榜样。

丽丽的邻居王阿姨是一名护士。当其他城市有疫情需要大量医务人员支援时，王阿姨都会主动报名，经常很长时间回不了家，连家里两岁多的孩子都顾不上。王阿姨经常说，在社会责任面前她责无旁贷。这样的精神深深地影响着小区里的邻居们。丽丽妈妈也总跟丽丽谈起王阿姨，希望孩子以王阿姨为榜样，将来有能力了多做好事，多为社会做贡献。

很多家长对于孩子把影视明星、娱乐明星当作偶像颇为担心。其实，家长对此应持尊重、理解、宽容的态度，可以利用孩子的崇拜心理，帮助孩子找出他喜欢的明星身上值得学习的地方，引导孩子加以学习，这样既尊重了孩子，又能帮助孩子学会通过观察发现别人的优点，努力提高自己。

榜样的力量是无穷的，家长应帮助孩子寻找榜样，引导孩子向榜样学习、汲取榜样的力量，让孩子越来越好。不管寻找哪一种类型的榜样，不管怎样寻找榜样，我们都应该本着好学的初心，正面引导，为孩子营造向榜样靠拢的学习氛围。

追求卓越

——明确目标，自我完善

案例分析

案例一：合理的目标引领孩子进步和成长

蕾蕾家跟村里大部分有孩子的家庭有些不一样：别人家的爸爸妈妈双方或一方常年外出打工赚钱，把孩子留在家里；而蕾蕾的爸爸妈妈都在家务农，一家人和睦相处。有一次，全家人一起去登山，蕾蕾开始的时候兴致勃勃，可是很快就不愿意走了。爸爸鼓励她向爷爷学习，说爷爷年纪那么大了还能坚持不懈地爬到山顶。爸爸引导蕾蕾把登顶的目标分解，把到达山上不同高度的观景台和凉亭当成一个个小目标。蕾蕾最终克服种种内心障碍，登上了山顶。

案例二：家长管理和监督不当，孩子缺乏动力和目标

明明的爸爸妈妈外出打工，明明跟着爷爷奶奶生活。每次爸爸妈妈回家，明明既开心又害怕，开心的是终于能见到爸爸妈妈了，但又害怕爸爸问起和学习有关的事。爸爸对明明很严格，每次回来，如果发现明明学习不认真，就会罚明明周末不许出门；如果明明的听写训练达不到爸爸的要求，就要不断地练习一天。明明总是战战兢兢的，害怕做不好，可是越害怕反而越做不好，有时就干脆放弃了。爸爸妈妈不常在家，爷爷奶奶很疼爱明明，什么事都顺着他，认为过得去就行了，等孩子长大自然什么都会了。

蕾蕾的不断进步源于爸爸的引导和鼓励，明明却缺乏家长的正确管教和引导。孩子的教育问题，其实也是家长教育方式的问题，家长用对了方法，孩子进步就大；家长的教育方式不当，孩子就会停滞不前，甚至会退步。

如何让孩子变得更优秀，是一个令很多家长感到迷茫的问题，他们在孩子教育上付出了很多时间和精力，却收效甚微。以下几个方面值得我们注意：

1. 家长的态度影响了孩子的态度

在追求卓越的过程中，孩子们开始的表现大多相同，可一遇到困难和挫折，一些孩子就想放弃了。家长采取何种处理方式与孩子进步与否有很大关系，这正体现了家长对孩子的影响及家风建设的重要性。有的家长认为自己没什么文化，小时候没读多少书，自己很平凡，很多事情自己都不能做到，更加不懂得怎么帮助孩子自我完善；有的家长认为孩子不用向榜样学习，“过得去就行了”。如果家长对自己和孩子都没有要求，孩子就会认为努力不太重要，进而丧失积极向上的心态。

2. 孩子缺乏追求卓越的动力

汽车有一个发动机和完备的动力传输与控制系统。人也一样，也有自己的动力与控制系统。如果孩子能在内心建立起一套积极的观念系统，他就有了积极进取、乐观向上的人生态度，以及主动学习、自我发展的动力。所以，家长要是想让孩子主动学习各种知识和技能，并自动地按照社会规范和道德的要求去做事，而不用天天唠叨、天天催促甚至强迫的手段，那么，就要设法给孩子建造一台这样的“发动机”。人一旦有了进取心，就会不断地发展自己，不断地丰富自己。家长应帮助孩子建造完善的“动力系统”，让孩子自动地去学习、去成长、去完善。

3. 孩子弥补不足需要家长的正确引导

孩子与榜样之间有差距不要紧，但是如果孩子在弥补不足时没有得到正确的引导，就很容易会停滞不前。有的家长在让孩子追求卓越的过程中，进行陪伴和引导，帮助孩子树立正确的道德观和健康的人生观，引导孩子从小事做起，对于孩子的过失不过多地指责，而是循循善诱，让孩子知道自己哪里不足，如何改进，孩子会朝着优秀的“彼岸”前进，孩子也会为每一次进步感到喜悦。可是有的家长总是一味地对孩子严格要求，过度追求完美，认为孩子这也做不好，那也做不好，就会给孩子造成心理压力。当孩子出现问题时，有的家长甚至用威严去控制孩子，试图不断施加压力让孩子按照自己的想法去改变，但往往都是徒劳，越是控制，孩子就越是叛逆，结果必然是南辕北辙。

了解孩子

为什么孩子在追求卓越、明确目标、完善自我时不懂得怎么弥补自身不足，难以坚持呢？家长可以从以下几个方面去考虑。

一、孩子渴望平等的沟通

随着年龄的增长，三年级孩子的自我意识不断增强，他们渴望独立，渴望得到父母的尊重和肯定，渴望与父母平等沟通。所以家长要学会尊重孩子的自我意识，减少强制性的命令，多尊重孩子的想法，和孩子平等沟通，这样孩子才能更乐于寻求方法自我完善，不断追求进步。

小涵刚刚加入班里为六一儿童节准备的舞蹈表演节目小组，她学得不是很快，在掌握基本动作之前，小涵还不敢在同学面前展示自己，先一个人在家练习。妈妈觉得小涵进步太慢，没有跟她商量，就邀请了其他同学来家里教小涵跳，小涵当场就跟妈妈急了：“您为什么不能先问问我的意见？妈妈，我想先学好动作再跟大家一起练！”

二、孩子缺乏明确的目标

三年级的孩子还不知道自己想要做什么，想要成为怎样的人，应该为了什么而努力。他们精力充沛、活泼好动，但是意志薄弱、耐心不足，做事容易只凭一时冲动，缺乏内在的动力和热情，如果没有一个目标的指引，就很容易感到疲劳和厌烦，难以坚持，一旦遇到困难就容易放弃。

心理学把个体为了实现目标而产生强大的意志力的现象，称为“目标效应”。设定合理的目标对孩子的成长起着积极的作用，心中有目标的孩子，大多能够以自己的方式表达需要，对目标的实现有信心，即使失败也不会自我否定，不断地激发自己的主动性和挑战欲，不会被一时的挫折打败，会找出问题，重新出发。

三、孩子还不会分解目标

面对宏大的目标和家长过高的期望，孩子会无所适从，一下子就被打倒了。三年级的孩子还没具备理性分析的能力，需要家长的引导和帮助，把大目标分解成符合自己实际能力的小目标，逐步实现。如语文学科达到 A 等级的大目标，需要从每天的听课、做作业做起，每天完成一个小目标。聚少成多，一步一个脚印地努力才能取得进步。

孩子在追求卓越的路上，总会存在一些困难，如目标不够明确，不知道怎么弥补不足等。我们不妨试着听听孩子的心声，和孩子进行沟通，去了解孩子的想法和感受。

1. 我希望能按自己的想法和标准做事

我知道我有很多不足，也在努力地完善自己。我也知道做好一件事情并不容易，必须一步一个脚印。我想把一件事做好再做另一件事，可妈妈总是不停地叫我做这个、做那个；我有我自己的想法，可是妈妈总是要求我按她的想法去做。

2. 我不知道该如何完善自我

我的学习成绩一般，也知道要好好努力，提高成绩是我做梦都想实现的事。爸爸老是让我向班上学习好的同学学习，妈妈也经常给我讲名人刻苦读书的故事。我也想成为他们那样的人啊，我很想努力的，可是我不知道该怎么努力，从哪里开始努力，真是愁死我了。

3. 我想提升自己却坚持不了

书写是我的弱项，我静不下心，也坚持不住，练了一会儿就想停下来休息；今天练了，明天就不想练了。我的同桌最近进步很大，他告诉我，只要每天进步一点点就够了，他每天都会抽时间出来练习，而且每次都是很认真地针对自己存在的书写问题去练习。我真想向他学习啊，真羡慕他能坚持下来。

三年级的孩子虽然明白自己要不断追求卓越，但是他们在明确目标、完善自我时却会遇到各种各样的问题，有时不懂怎样去弥补不足，有时难以坚持下去，这就需要家长帮助孩子厘清当前面临的问题，更好地朝着目标去努力。

实施指南

如何让孩子在榜样学习中明确目标、完善自我、追求卓越呢？

◆ 策略一：充分尊重孩子的自我意识，引导孩子正确认识自己

三年级的孩子自我意识不断增强，若家长希望孩子向榜样学习，不断修正自己、自我完善，就需要认可孩子，引导孩子正确认识自己的不足，赞赏孩子的每一次进步。

1. 学会发现孩子的闪光点

有的家长总希望自己的孩子什么都比别人的孩子强，什么都好，对孩子表现出来的一些优点总是熟视无睹，对孩子的缺点却不依不饶。比如，孩子回答问题的时候，家长对孩子答对的部分丝毫不在意，对孩子答错的部分则非常敏感，常常责怪、责骂孩子。

在生活中，很多的家长都对孩子抱有“追求完美”的心理，不能容忍孩子犯错误，孩子一旦出错就会更加严厉。他们出于好意去指责孩子，却忽视了这样做孩子会不会接受，是不是起到好的作用，结果由于教育孩子的方法及言语不当，引起了孩子的反感，时间久了，就会毁了孩子的自信心，孩子的逆反心理也会越来越强。相反，如果家长在对孩子进行教育的时候，对于其表现出来的好行为给予表扬和肯定，这样会让孩子非常地高兴，以后自然也就愿意再重复这种良好的行为，也更有信心、力量及拼搏的勇气，去努力发掘和发展自己的长处。

2. 引导孩子正确认识自己的不足

三年级的孩子年龄小，往往不能正确认识自己的不足。有的孩子对自己的不足无所谓，任其发展；有的孩子对自己的不足陷入盲目焦虑，很自卑地认为自己是个坏孩子。家长要鼓励孩子发扬优点，真心赞美孩子；同时接受孩子的缺点和不足，对孩子进行耐心细致的教育，使其正

视自己的弱点，并积极面对，加以改正。

◆ 策略二：引导孩子正确对待自己与榜样的差距

所谓“尺有所短，寸有所长”，每个人都有自己的长处和优势。有的孩子自尊心极强，做什么都争强好胜，容不得别人比自己强、比自己聪明，可是自己在某些方面又确实不如别人，久而久之就会心生妒忌，无法正确地面对他人取得的成绩。有的孩子过于关注自己的短处，拿自己的短处和别人的长处比较，过低地评价自己，常有“我不行”“我不如他们”等消极暗示，对自己信心不足，就会轻易放弃那些稍加努力完全能够完成的任务；非常羡慕那些优秀的人，但从未思考自己如何去超越他们。家长要引导孩子坦然欣赏别人的长处和优点，正确认识自己的不足和缺点，设定适合自己的目标，不断促进自己的成长。在学习方面，鼓励孩子勤奋刻苦，态度认真；在行为习惯方面，鼓励孩子追求在进步中养成良好的习惯；在品德方面，鼓励孩子追求高尚人格，加强自我修养。让孩子在不断自我修炼的过程中，慢慢变得独立自信，有力量和勇气去修正自己，不断向卓越靠近。

此外，家长还可以让孩子读一些名人传记，从中获取精神力量。孩子可以从书中明白，这些名人和伟人也一样有自己的缺点和不足，但他们都能够正视自己的缺点和不足，不断努力完善自己。家长可以引导孩子思考自己跟这些名人在对待同一件事时的做法有什么不同，反思自己该如何改进、完善。

◆ 策略三：协助孩子设定合理的目标

没有目标的努力就像一艘失去方向的轮船，而目标定得太高、过低都不好，不但不利于孩子的发展，还可能因难以实现目标或落后于目标而影响孩子实际能力的发挥。所以，家长需要协助孩子设定一个踮起脚就能够得着的目标，目标的设定要符合孩子的兴趣和能力。

1. 设定明确的目标，以数量、质量或时间来表明目标

在孩子正确认识自我的基础上，家长要鼓励孩子树立自己的目标。如果孩子经常谈论他的梦想或者目标，家长不要嘲笑孩子的梦想，而是应该鼓励孩子说出来，同时引导孩子向着自己的目标去做。例如，孩子可能会说自己的目标是成为像刘翔一样的田径奥运冠军，这时，家长要引导孩子把这个目标写下来，并把它当成行动的计划，去做一些有助于实现目标的事情，这样才能把目标变成现实，比如家长可以教育孩子好好学习关于运动科学的知识；根据孩子的身体素质情况，因地制宜地选择运动方法；安排与孩子运动能力相符的运动量，有计划地安排训练周期等。

瑶瑶的写作水平很差，她不知道该怎么办。妈妈建议她多阅读一些经典名著，还找来一些优秀范文给瑶瑶学习。瑶瑶翻着这些文章，不知该从何学起，也不懂要学些什么。后来通过请教老师，妈妈引导瑶瑶每天积累10个好词、5句好句，每周写一段不少于100字的文段，修改一次本周写过的作文。通过这种方式，瑶瑶慢慢提高了自己的写作能力。

2. 帮助孩子把目标分成几个阶段，设定短期和中长期目标

谁都无法一步登天，实现目标也是这个道理。家长应教会孩子设定短期目标和中长期目标。例如孩子进入三年级，刚刚开始学习英语，家长如果要求他能说一口流利的英语，这样孩子的压力会很大，也比较容易失去信心。家长和孩子不要把目标定得太高，可以把大目标分解成一个个小目标来完成，比如，学会26个字母，学会几句简单的口语，积累100个词汇，学会常用句型和语法等。在孩子执行定好的计划时，家长应该督促了解孩子计划的执行情况和产生的效果，可以让孩子根据计划的提纲拟定日程安排表，适当询问孩子的进展情况，对设定好的目标进行必要的调整和完善。

◆ 策略四：检查目标的执行情况，及时调整

只有计划还远远不够，实际上，计划仅仅代表了孩子对于学习的大致安排。在执行计划的时候，孩子很可能会遇到这样那样的问题，这

时就需要家长及时检查计划的执行情况，根据实际情况及时调整，才能够保证孩子的目标得以实现。家长应对孩子的每次进步都给予具体的赞扬；如果孩子失败了，要帮孩子分析失败的原因，并且加以鼓励。

小宁从小身体素质就不太好，也不怎么喜欢做运动，眼看着班上的同学都比自己高了，小宁很着急，希望通过增加运动量来提高身体素质。妈妈鼓励孩子以班上爱运动的同学为榜样，像他们一样，多跑跑步、打打球。妈妈帮助小宁制订了每天1小时的运动计划。小宁嘴上答应得好好的，可是真正实践的时候制订的计划只粗略执行了不到三天就作废了。妈妈帮助小宁调整了运动目标，每天放学后就带着小宁在广场上跑跑跳跳，循序渐进地增加小宁的运动量，鼓励孩子坚持每天锻炼。就这样每天进步一点点，小宁终于不那么排斥运动了，慢慢地运动的时间也更长一些了。

要让孩子自我完善、弥补不足、不断追求卓越，家长就要充分尊重孩子的自我意识，引导孩子正确认识自己，正确对待自己与榜样的差距，要协助孩子设定具体的目标，将大目标分段实现，落实到行动中来，这样才能让孩子真正借助榜样的力量不断前行。

积极向上

——乐观生活，应对压力

案例分析

案例一：家长忽视了孩子的情绪和心理压力

小宇最近总是闷闷不乐，失去了往日活泼的模样，常常一个人躲在角落里发呆，上课容易走神，课后也不爱和同学说笑交流了。老师发现了小宇的异样，找机会和小宇谈心，问小宇最近遇到了什么事。小宇吞吞吐吐地告诉老师，他爸爸妈妈离婚了，现在跟着爸爸生活，想妈妈了。老师跟小宇爸爸沟通，希望爸爸多关注孩子、陪伴孩子，重视孩子的情感需要。可小宇爸爸却说："村里的孩子哪个不是满山跑，天天都开开心心的，即使是心里有什么不快，玩玩也就忘记了。我没有时间应付孩子的情绪，地里的活做都做不完，我每天累得要命。三年级的孩子已经是大孩子了，我还想让他来帮我干活呢。"因此，小宇内心的苦闷一直压抑着，得不到释放。

案例二：家长克服困难，设法帮助孩子合理应对压力

彤彤跟爷爷奶奶在农村老家生活，爸爸妈妈在外地打工，有时几个月回来一次，有时一年只有过年的时候才回来。彤彤读一、二年级的时候，学习还跟得上，可一到三年级，明显感到吃力了，作文更是写不出来。爷爷奶奶为此很苦恼，但他们自己文化水平不高，无法指导彤彤的学习。彤彤爸妈知道后，主动与彤彤的班主任和任课老师联系，了解孩子在学习中存在的问题，委托老师因材施教，多管教和关注彤彤。同时，彤彤爸妈还请在村里工作的姑姑帮忙，抽空辅导彤彤的学习。彤彤爸妈每天都抽时间与孩子视频沟通，了解孩子的发展和变化，引导孩子学会自主学习，积极应对困难。

家庭是孩子的避风港湾，也是孩子接受心灵熏陶、获得精神安慰的场所。孩子的乐观心态首先源自父母、源自家庭。案例中，小宇爸爸忙于农事无暇顾及孩子，忽视了孩子的情绪和感受；彤彤父母同样忙于生计，但是却克服困难，想方设法地教育和引导孩子，帮助孩子积极应对压力。

生活中，大部分的家长都觉得孩子还小，有什么压力可言，其实，生活中的许多因素都可能导致孩子情绪失调，如家庭氛围不好、父母关系不和、自己学习跟不上、人际关系不融洽等。当压力过大或持续时间过长时，孩子会产生诸如抑郁、厌食、睡眠障碍等心理或生理问题，这些将严重损害孩子的身心健康。由于他们自身的知识以及处世经验有限，处理问题的能力较差，无法自己解决压力。而且由于他们的语言表达能力有限，往往无法清楚地讲出来，因此他们有时无法得到成人的及时帮助。所以，家长一定要教孩子学会缓解压力，引导孩子积极面对困难和挫折，绝不能让过重的压力压垮了孩子。

是什么原因造成孩子长久以来不懂应对压力，不能乐观生活呢？我们需要重视以下两个方面。

1. 家长对孩子的心理健康问题关注不够

当今，我国正处于社会快速变化的时期。随着工业化、城镇化进程加快，人口向城市集中，造成住房、就业、入学等方面的困难。父母由于忙于工作，认为给孩子不错的物质生活条件，孩子不应该有什么心理问题了。孩子由于在情感上缺少健全的关爱和沟通，更容易产生感情脆弱、缺乏自信、悲观消极等心理障碍，当在学习、生活中遇到困难时，不能以积极的心态来面对。此外，孩子成长过程中出现的许多异常行为，大多是一些心理问题所致，但许多家长往往对此视而不见，即使注意到这些异常行为，也往往把类似行为归结为其他方面的原因，而很少想到是孩子的心理健康出了问题。由于一些家长长期忽视孩子的心理健康，许多孩子的心理状态发展到了令人担忧的境地。

2. 孩子的心理容易受到外在环境的影响

在三年级这个阶段，孩子的心理状态很容易受到来自家庭、学校以及交友等外在因素的影响，如家庭成员的变化、亲子交流的减少、父母的期望过高、学习环境的变化、学习内容的增加、同学间的矛盾等，这些都会让孩子出现焦虑、紧张情绪，无形的压力就会在孩子身上蔓延。家长需要及时洞察孩子的心理状态，了解孩子的内心世界，明白孩子的压力来自哪里，有目的地去和孩子沟通交流，采取相应的心理疏导、帮助鼓励和解决措施，及时为孩子提供支持和帮助。

了解孩子

家长不妨关注孩子的一些特点，从而更好地去帮助孩子。

一、孩子的抗压能力弱

三年级孩子受身心发展水平的限制，心理承受能力较弱，即使在成人看来是很微小的一件事情，对于孩子来讲，也可能是一次不小的打击，会使他们不知所措，失望退缩，丧失热情和信心，甚至出现逃学、离家出走或产生精神疾患等状况。培养孩子的心理抗压能力，教育孩子在面对重大事件时做好心理准备，把外在压力转变为自己的内在动力，这在家庭教育中是非常重要的。其实，生活中大大小小的逆境，都可以磨炼孩子的意志和毅力。但是在孩子经历挫折的过程中，家长要引导孩子用正确的态度应对挫折，使之长久地保持“我一定能克服困难”的热情和信心，坚定地朝着自己的目标前进，实现生命的价值，享受成功的喜悦。

二、孩子的自尊心逐渐增强

三年级是孩子性格形成的关键时期，是孩子的情感发生变化的转折时期，孩子的情感从外露、浅显、不自觉向内控、深刻、自觉发展。由于孩子的交往范围扩大，认识能力提高，各种困扰也随之而来，他们开始产生不安的情绪，但这一阶段孩子的情绪控制能力仍十分有限。这一阶段孩子自尊心逐渐增强，他们通常不愿跟别人提起自己内心的烦恼，面对压力时也不想跟家长交流，不能乐观面对，所以有时就表现出郁郁寡欢、意志消沉，不愿与他人交往等状态。

三、孩子还不会表达和释放情绪

三年级的孩子表达情绪的方式还比较单一，尤其是有了负面情绪，他们的发泄无非就是大喊大叫和乱扔东西等方式，可这样的发泄并不能帮他们真正缓解内心的压力。孩子之所以无法表达坏情绪，是因为他们对自己的情绪描述不清，可能会表现出难受，但却说不出来，无法正确表达，对此，家长要教孩子正确描述自己的心情。当家长感受到孩子不开心时，可以鼓励他描述自己的感觉，比如“我不高兴”“我很难受”“我心里不舒服”等，其实这样的描述也是一种表达。而在他表达出自己的心情之后，家长还可以问问他，为什么会产生这样的情绪。随着孩子的讲述，他自己的情绪也会慢慢地被释放出来。

当孩子有了负面情绪时，他的言语表现可能会有些过激，即便如此，家长也不能冷漠地对待孩子，更不能无视甚至训斥他。家长要对孩子的情绪表达给予足够的重视，要耐心倾听，也要保持平静，引导孩子将情绪发泄出来。

孩子们在面对压力时不知所措，不能乐观面对，他们的苦恼谁会懂呢？我们不妨来听听孩子们的心声。

1. 我希望父母别给我这么大的压力

我的父母对我很严格，常常以高标准要求我。我知道他们的严格要求是为我好，我也努力做好每一件事情，想让他们高兴。但是有些事不是我努力了就能做到的，对于这种情况父母却指责我不够努力。我也不是圣人啊，不是什么都能做到最好。父母批评得越多，我就越来越做不好。真是太难了。

2. 我希望父母能听听我的心声

我常常会跟父母倾诉我学习上的压力、和同学相处时的压力，可是他们总是置之不理。他们认为我天天不愁吃、不愁喝，就应该无忧无虑；认为他们每天忙于工作，忙于挣钱，我现在可比他们小时候幸福多了。我很想找个人倾诉一下，可是不知道找谁。想找同学聊聊，又怕被他们笑话。

3. 我希望得到父母的帮助和支持

我学习不好，真希望父母能够帮帮我，可是父母总说学习是我自己的事，让我自己去面对。每次我写作业时，他们不是在玩手机就是在看电视。他们工作时，我上学；他们下班了就玩手机、看电视。为什么我放学以后不能玩一会儿呢？学习好难，我觉得全世界的人都是快乐的，只有我自己是难过的。

三年级的孩子有自己的小心思、小秘密，有时内心的压力无处诉说，很多的烦恼、压力既不想父母知道，又想要得到帮助。家长不妨先了解清楚孩子的年龄特点，了解清楚孩子内心真实的想法，这样才能更好地帮助孩子学会应对压力，乐观面对问题，积极向上地生活。

实施指南

孩子在成长的过程中，一定会遇到很多困难，而这种困难在某种程度上就是压力。要想应对生活中的各种困难和挫折，就必须学会缓解压力，积极面对生活。如果孩子不善于缓解压力，这些困难就会成为他人生之路的阻力和障碍，从而让他畏缩、退却；相反，如果孩子善于缓解压力，他就能够把这些困难一个一个地克服，从而在人生的路上大踏步向前进。那么，父母如何帮助孩子学会应对压力，乐观生活呢？如何给孩子营造一个积极向上的家庭氛围呢？

◆ 策略一：多倾听孩子的心声，与孩子建立信任关系

我们常常听到家长在相互交流时会说："要是能回到小时候该多好啊，没有烦恼，没有压力，每天都无忧无虑。"我们往往习惯了用成人的目光去看待孩子，忘了自己小时候的压力和烦恼。压力是不分年龄的，孩子同样会受到压力的困扰，如果得不到疏导和释放，就无法乐观地看待生活、看待世界。

我们常常会听到家长们这样感叹："孩子有什么事都不爱跟我交流，我说什么他也不想听，真拿他没办法。"事实上，孩子的想法如果长期得不到家长的重视，孩子就会把想法隐藏起来。所以，不论孩子跟家长说的事情是大还是小，家长都要认真倾听，分享孩子的喜怒哀乐，赢得孩子的信任。家长可以每天关注孩子的情绪变化，比如当孩子放学回家闷闷不乐时，耐心与孩子沟通；当知道孩子没做好某件事的时候，不急于批评，而是与孩子一起分析原因等。家长要和孩子进行良好的沟通，尊重孩子的想法，尊重孩子的隐私，孩子才会主动和家长分享自己的事情。

此外，家长还要放下家长的架子，主动地和孩子交朋友，还可以有意识地向孩子征求意见或寻求帮助，给予孩子独立担当的机会，让孩子觉得家长是与自己平等、互相尊重的朋友，这样孩子才会更容易对家长

敞开心扉。

◆ 策略二：帮助孩子学会缓解压力的方法

适度的压力能让孩子变得坚强，积极乐观地看待挫折，让孩子在“疼痛”中茁壮成长；过度的压力就会让孩子无所适从，在一次次受挫中丧失信心，不再相信自己。不管是哪一种压力，都需要家长进行引导和帮助，这样压力才能成为孩子成长的踏板。

1. 多花时间去了解孩子

家长要多跟孩子聊天，通过聊天了解孩子的内心世界，才能在孩子遇到问题时做出最及时的引导，帮助孩子寻求有效的放松方式，释放内心的压力。

2. 让孩子拥有足够的独处时间

孩子或许是因为学习而感到压力，或许是因为课余时间学画画、学跳舞占了很多时间而无所适从。家长要让孩子有充足的时间独处，做自己喜欢做的事情。

3. 教孩子一些放松的技巧

家长可以让孩子想象自己来到宽阔的海滩，想象自己置身于鸟语花香之中，暂时沉浸在比较放松的环境中；还可以创造条件带孩子到郊外去，感受大自然的气息；也可以让孩子听听轻音乐来缓解压力，等等。

4. 适时转移孩子的注意力

当孩子受问题困扰，无法排解压力，家长也暂时想不出更好的解决方法时，不如把问题缓一缓，转移孩子的注意力，例如当孩子因为单元测试没考好，觉得比班上的几个好朋友都要差，倍感压力，心情浮躁，无法静下心来学习时，家长可以和孩子一起听听音乐，逛逛街，做一些孩子喜欢做的事情。等孩子没那么抗拒学习时再一起分析，冷静寻求方法。这样做可以分散孩子的紧张情绪，让孩子烦躁郁闷的心情及时得到缓解和放松。

◆ 策略三：与孩子分享积极乐观的生活经验

家长是孩子的启蒙老师，家长的言行会影响孩子的言行，家长对待生活的态度会影响孩子对待生活的态度。如果家长在面对压力时能够冷静处理、乐观面对，对待生活总是积极向上，那么在这样的家庭环境中成长的孩子也会乐观积极。反之，如果平时家长在遇到问题、面临压力时总是往不好的方面想，一副忧心忡忡、唉声叹气的样子，在这样环境中长大的孩子大多情绪比较消极，想法比较悲观，心理承受能力比较差。快乐是会传染的，家长乐观的心态会让孩子产生乐观进取的生活态度，微笑面对生活。家长要努力不把负面情绪传递给孩子，无论在外面遇到什么困难和风雨，回到家都尽量保持开心的笑容、明朗的心情。家长乐观处事的实例是孩子最好的教科书。在引导孩子面对压力时，家长可以讲讲自己是怎么应对压力的，让孩子从中受到启发。

在新的学期，涛涛转学到父母打工的城市读书。刚到新班级，涛涛非常不适应，觉得大家都不喜欢他，同桌也很少跟他说话。同学们学习都很好，他的学习比较差，但是他不敢请教同学。为此，涛涛很烦恼。面对孩子学习跟不上、交不到朋友的压力，爸爸是这样开导涛涛的：“爸爸刚来这个城市工作时也和你一样，没朋友，工作吃力，但是找找原因，事情也没有想象中那么糟糕。你刚进入一个新班级，出现这种情况可能是因为你和同学们还不熟悉，也还没适应新的学习环境。你尝试着主动跟同学们玩，同学们会喜欢你的。”涛涛按照爸爸的说法来做，果然很快融入了新班级。

◆ 策略四：营造和谐的家庭氛围

积极乐观建立在一定的安全感之上。家庭的氛围、家庭成员之间的关系，在很大程度上会影响孩子性格的形成。父母关系不和甚至离异，过于宠爱、过分保护或过分严厉，以及对子女不切实际的过分期望，都会对孩子的心理造成伤害。在和谐、温暖、快乐的家庭中成长的孩子更容易养成积极乐观的习惯；不良的家庭氛围则恰恰相反，不仅会让孩子过早地告别欢乐时光，还会使他们经常处在紧张、忧虑、困惑等心理状态中。

家庭成员之间应保持和谐的关系。家庭成员之间，特别是父母之间的和谐，是家庭稳定和温馨的基础，也是孩子心理稳定和健康的保障。家庭成员之间感情不和、言行冲突，会直接影响孩子的情绪状态，使之产生心理上的不良反应。

孩子的健康成长离不开良好的家风熏陶，积极向上的家风也正好体现在如何帮助孩子从容地面对压力、乐观地生活等方面。家长要学会“弯下腰”来倾听孩子的心声，帮助孩子学会缓解压力，与孩子分享自己乐观面对生活的经历，让孩子在和谐、快乐的家庭环境中解决问题。

延伸拓展

〉 〉〉 1.《为孩子寻找榜样》（主编：南菱；出版单位：北京科学技术出版社）

理由及建议：教育是一个大工程，但是，教育又是一件件小事情，必须要融入孩子生活学习的每一个细节中。榜样的力量是无穷的，杰出人物的童年故事更加吸引孩子。这本书收集了古往今来多位杰出人物的童年故事，能够帮助家长为孩子寻找到榜样，让那些优秀的人物成为孩子生活中的伙伴，对孩子有所启蒙，激励孩子更好地成长。

〉 〉〉 2.《做乐观诚信的自己》（主编：王立芸、张凤杰；出版单位：江西高校出版社）

理由及建议：这是一本适合亲子共读的书籍，涵盖“诚实守信，一诺千金”“积极乐观，笑对生活”“知错就改，勇于担当”“知恩图报，乐于助人”“尊重他人，知书达礼”五个方面的小故事，让孩子从故事中得到启发，建立乐观诚信的品格。

这本书中的每则故事都包括“故事”“阅读感悟”“实践乐园”“名句链接”四个部分，从多角度让孩子更好地领悟怎样做一个乐观诚信、积极向上、快乐生活的人：古今中外的关于乐观诚信的故事，浅显易懂、有趣、引人深思；“阅读感悟”启迪家长和孩子的心灵；“实践乐园”有引导孩子换角度思考的问题，有亲子游戏，有故事分析，形式多样；“名句链接”选取了一些关于良好品格的语句，让孩子在阅读中积累。

评估改进

一、自我评估

亲爱的家长，您好！您在日常生活中的实际情况与下面列出的表现是否相符？若相符，则选“是”；若不相符，则选“否”。

	是	否
① 您常常在家里看书。	□	□
② 您会主动把家里的物品摆放整齐。	□	□
③ 答应了孩子的事情，您会说到做到。	□	□
④ 孩子做错事时，您会好好听孩子的解释。	□	□
⑤ 别人遇到困难时，您会主动帮助。	□	□
⑥ 您很少会玩手机到很晚。	□	□
⑦ 您几乎不会冲孩子发火。	□	□
⑧ 您几乎不会在公众场合大声喧哗。	□	□

	是	否
⑨ 您几乎不会在背后说人是非。	□	□
⑩ 您愿意主动学习他人的长处，弥补自身的不足。	□	□
⑪ 您的孩子在向榜样学习时能保持谦虚好学的态度。	□	□
⑫ 您的孩子能正确看待自己与榜样之间的差距。	□	□
⑬ 您帮助孩子设定的完善自我的目标比较合理，不难实现。	□	□
⑭ 您的孩子对设定的完善自我的目标知道从何做起。	□	□
⑮ 您经常和孩子一起做一些事情。	□	□
⑯ 您和您的家人能做到相互关心、相互帮助。	□	□
⑰ 您和孩子都能保持积极乐观的心态，遇事往好的方面想。	□	□
⑱ 您和孩子对未来充满希望。	□	□
⑲ 遇到压力时，您和孩子都能及时排解，让自己放松下来。	□	□

【评估参考】

① 若您选择“是”较多，说明您在生活的各个方面都为孩子做了良好的引导，为孩子树立了榜样，您的家庭是乐观生活、积极向上的家庭，相信孩子和您的家人都会越来越好。

② 若您选择“否”较多，说明您在为孩子树立榜样，帮助孩子追求卓越方面做得还不够，建议您不断提高自己的认识，和您的家人努力营造积极向上的家风建设环境。

二、改进计划

亲爱的家长，您好！阅读本专题后，您应该对如何为孩子树立榜样、帮助孩子寻找榜样、引导孩子追求卓越，以及引领孩子积极向上等方面有了更全面的认识。下面请您结合实际，写出自己的改进计划，并逐项完成。

第二专题 自我管理，独立成长

三年级是孩子成长过程中的第一道“分水岭”。这个年龄的孩子开始拥有强烈的自我意识，如果孩子没有在低年级养成良好的行为习惯，就容易出现“放飞自我”的表现：学习状态不稳定，书写潦草，作业不认真甚至不完成；见到邻居家的叔叔阿姨不会主动问好，跟别人说话也不会使用礼貌用语；什么都想买，乱花钱；和小伙伴闹矛盾后会不知所措……

著名作家巴金说过：“孩子的成功教育从好习惯培养开始。”许多家长总想拼尽全力为孩子提供最好的生活条件和教育环境，为孩子安排好一切，忽略了孩子自身的习惯养成，却不知这样无微不至的安排可能会让孩子丧失独立生存的能力。作为家长，我们一定要准确界定自己的角色，明确自己是孩子成长的陪伴者和引导者，给予孩子更多的自由空间去成长。如何引导孩子学会自我管理，让孩子独立成长，成为顶天立地的人，是每位家长都应该思考和解决的问题。

自我管理
——学习生活有秩序

案例分析

开学后两个月，一位妈妈在班级群吐苦水：“我家孩子上一、二年级的时候特别乖巧，和小伙伴们相处得挺开心的，学习也不错。现在孩子长大了，上三年级了，我以为不用再为他操心了，就把更多的时间放在了工作上，每天早出晚归的，想着怎样把生活过得更好，让家人过得更加舒心和幸福。最近好不容易有空，再关心孩子的学习和生活，却发现孩子出现了很多问题。”群里的其他家长也纷纷表示认同，自己家的孩子到了三年级后也出现了类似的现象。

现象一：学习成绩出现下滑

晓晴在一、二年级时学习特别好，但是上了三年级后，学习一直不在状态，不是粗心大意就是心不在焉，在作业和练习中频频出现错误，现在要想拿个A也不容易了。

现象二：时间管理意识不强

贝贝的自我管理能力特别差。他每天回家一放下书包就不知道跑去哪儿玩了，吃饭时要反复叫上好几遍才出现。一顿饭，有时要吃很久，有时匆匆忙忙扒了几口饭就去看电视了。每次父母催促他做作业，他嘴里应着，可总不见行动，非得父母生气了，责骂他几句才不情愿地拿出作业来写，写得非常慢。父母常常发现贝贝写着写着就趴在桌子上睡着了。有时作业没能完成，只好硬着头皮熬夜，第二天又重蹈覆辙，故态复萌，忘了前一天晚上写作业写到半夜的教训了。

现象三：没养成良好的行为习惯

小风的生活习惯总让父母操心。睡觉前，需要家人催促好几遍才肯慢吞吞地挪上床；早上，也要家长千呼万唤才能起来。等到要出门上学了，他不是落下了红领巾，就是忘了收拾昨晚完成的作业。周末吃饭不按时，一天到晚黏着电视机，课本作业本到处乱放，家里都快成了他的游乐场。周末两天下来，玩够了才赶着完成作业，熬到很晚才做完，睡眠不好，脾气也大起来了。跟小皮猴似的，父母怎么说都不听。

大部分孩子在三年级都会出现这样的问题，这就是我们常说的“三年级现象”。孩子们为什么会呈现出这样的成长状态呢？

>>> 1. 三年级知识体系结构变化，难度增加

与一、二年级相比，三年级的课程及内容的预设目标，单元容量，抽象思维要求，教学内容的衔接性、协调性与综合性要求普遍增高。此外，作文、英语课程的开设，阅读课文量和书写作业量的增加也加大了孩子学习的难度，加重了孩子的负担。孩子如果没有在低年级养成良好的学习习惯，不能适应这样的变化，就会出现学习成绩下滑的现象。

>>> 2. 家长落入“超前教育”的误区

天下所有的家长都希望自己的孩子能学习好，通过学习具备能力，过上幸福的生活。有的家长就把学习当成了孩子的全部。有些父母不惜重金对孩子进行超前教育，很多孩子在上幼儿园期间，就开始学习拼音、识字、口算等，而这些其实属于小学一、二年级的教学内容。孩子接受了超前教育，在一、二年级时就可能会对重复的内容失去兴趣，产生厌学或者应付的心态，结果没有好好掌握小学的学习方法。到了三年级，面对崭新的学习内容，因为方法不当，孩子就显得力不从心，进而因为成绩下滑而失去信心。

家长希望尽可能多地给孩子灌输知识，却忽略了以孩子的年龄，他们是否能真正理解并接受这些知识。人的成长过程其实是一个心理发展的过程，而不是智力发展的过程，智力成长必须依附于心理成长之上。

在孩子的心智都不成熟的状态下，对其进行超前教育，耗费大量时间强迫其死记硬背的知识，到了孩子心智成熟的年龄，他可能只花几天就能完全掌握。超前教育带来的过大压力，容易使孩子形成逆反心理，产生厌学情绪。家长必须遵循儿童的自然发展规律，对孩子的教育一定要基于他们的生理和心理年龄特点，切勿操之过急。

3. 包办行为让孩子产生依赖心理

家长希望给孩子一个安宁的成长环境，不愿意让孩子吃太多的苦。很多家长宠爱孩子，潜意识里把孩子当成弱者，事事包办代替，忽视了孩子健康人格的教育和培养，也扼杀了孩子独立自主的意识，这样培养出来的孩子依附性强，没有解决问题和迎接挑战的能力。等孩子上了学，尤其从三年级开始，孩子的一些不良行为习惯就突显出来了。这些行为其实是孩子依赖心理的表现，若不加以正面引导，会严重影响孩子的健康成长。

家长要想孩子平稳度过三年级这个关键期，必须让孩子学会独立成长。家长可以试着尊重孩子的想法，试着多给孩子提供独立做事情的机会，不但要重视学习能力的培养，更要注重独立自主能力的养成。思想决定行为，行为决定习惯，习惯决定性格，性格决定命运。只有帮助孩子养成良好的行为习惯、形成独立自主的人格，当孩子长大了，需要独自面对生活和工作中出现的困难的时候，他才有能力处理好，才能发挥出自己最大的潜能。

了解孩子

三年级的孩子进入少年期，此时孩子会出现一种强烈要求独立和摆脱成人控制的欲望，因此他们的性格特征中会表现出明显的独立性，也很急切地想要探索和了解世界；面对周围出现的事物，想由着自己的想法来，但是在生活和学习中出现问题时又无法找对解决方法，就会呈现出缺乏自我管理能力的状态。读懂了孩子的身心发展规律，家庭教育便能有的放矢了。

一、孩子处于“儿童叛逆期”

孩子的成长，一般都要经历三个叛逆期，即2～3岁的“宝宝叛逆期”、7～9岁的“儿童叛逆期”、12～18岁的“青春叛逆期”。三年级的孩子，对世界万物都充满好奇，随着活动范围的扩大，他们的自我意识慢慢觉醒，认识事物的能力也在逐渐提高，他们感到有些事情自己可以做主了。他们渴望得到成人的认同，渴望通过特别的行为来向世界昭示自己已经长大了，再也不是父母眼里的小孩子了。但是，很多父母却无视孩子的成长，总是把孩子当成婴儿，这也不让做，那也不让做，结果导致孩子产生更强的逆反心理，这也是造成孩子叛逆的原因之一。对于孩子的叛逆行为，很多父母采取的是硬碰硬的方式，对孩子只是简单地训斥、打骂，而这样做不仅没有起到应有的作用，反而让孩子的叛逆心理变得更加强烈。

虽然孩子的叛逆心理让家长头疼不已，但我们不能否认它也有积极的一面。叛逆心理包含着一些积极的心理品质，比如勇敢、自我意识强、有闯劲、能创新等。因此，家长一定要认清孩子叛逆行为的合理性和利弊双面性，采取正确的方法，合理引导，逐步改变孩子的叛逆行为。

二、孩子的学习能力还比较弱

在记忆方面，三年级孩子的无意识记忆占优势，无意识记忆的效果仍然优于有意识记忆，但已经开始向有意识记忆过渡，此阶段是培养孩子有意识记忆的关键期。运用有意识理解记忆的方法来进行识记的孩子，能更快更多地记忆知识，进而适应三年级知识容量突然增多的变化。而那些依然以无意识、机械记忆为主进行识记的孩子在应对大量识记的教学任务时就显得很困难，难以完成学习任务。

在思维方面，小学低年级孩子的思维离不开事物的具体形象，需要借助具体事物的表象来解决问题。随着年龄的增长，孩子思维的概括性和抽象性逐渐增强，由具体形象思维逐步向抽象逻辑思维过渡。三年级就处在这样一个过渡期，此时孩子的思维方式主要以具体形象思维为主，抽象逻辑思维发展欠缺；他们掌握的学习方法与技能相对较少，认知加工上的自我组织能力缺乏，学习依赖性较强，效能意识较差。思维灵活、变通性好的孩子，他们的学习几乎不受三年级过渡期的影响；思维变通性不足的孩子在三年级学科知识板块明显增多、难度明显增大的情况下，成绩就会出现下滑。因此，在此阶段培养孩子思维的灵活性，有目的地训练孩子的创造性思维和发散思维，是十分有必要的。

三、孩子的注意力容易受到环境的影响

在注意力方面，小学低年级孩子的无意识注意占主导地位，课堂上一切事物都能引起孩子的无意识注意。到了三年级，孩子的无意识注意由外界刺激引起逐步向内部兴趣过渡，表现为他们能逐步理解自己的学习目的，在学习活动中开始更多地依靠有意识注意。这个阶段的孩子开始有了一定的控制自己注意力的能力，对自己感兴趣的学习内容会主动地集中注意力，但注意力的保持时间依然有限，有研究表明小学中年级段孩子的注意力能保持在20分钟左右。三年级孩子的注意力依然容易被分散，容易受到周围环境的干扰，比如当孩子写作业的时候，如果家里的电视机声音开得很大，孩子就容易被电视节目吸引住而分散了注意力。家长要根据孩子的身心发展规律与特点，为他们创造良好的学习环境，有意识地培养孩子的注意力，帮助孩子形成良好的注意品质与能力。

对于“三年级现象”，孩子内心迷茫、困惑，也有很多自己的想法。

1. 我希望妈妈让我学习自我管理

从小到大，妈妈对我的学习和生活总是照顾得十分细致。她总是说：“你读书太辛苦了，这点小事我来替你做吧。”“作业完成了吗？我帮你检查一下。”“书包重不重？我替你背！”我真想说，妈妈，我想自己来。我可以自己穿衣，自己安排学习，自己整理书包。我三年级了，我要学着自己管理自己。

2. 三年级的知识好难

爸爸妈妈平时工作很忙，很少有时间陪我，有时候半夜才回来。刚上小学的时候我学习不错，所以他们对我十分放心。可是不知为什么，上了三年级，我有好多作业不会做了，要学的知识都看不懂。我想学，我想写，可我不会呀，怎么办？

3. 我没办法集中注意力去学习

学习的时候，我心里会想起手机里好玩的游戏；写作业的时候，我又想着准备要播的动画片；看到身边的小伙伴有好吃的、好玩的，我练字的时候也想着买来吃、买来玩。我无论做什么事情，心里都像有只小虫子，叫我去干别的事情，挠得我痒痒的，很难集中精神做好一件事。

家长要遵循孩子的发展规律，正视孩子的变化，重视对孩子行为习惯的培养，有意识地引导孩子在学习和生活上学会自我管理，养成良好的习惯。三年级是道坎，是孩子由依赖家长到自立能力增强的转型时期，是孩子成长的分水岭，家长要在这一时期为孩子保驾护航，帮助孩子迈过这道坎。

实施指南

看到这里，相信您对孩子的习惯养成教育有了更深的认识。想要培养孩子独立自主的习惯，提高孩子自我管理的能力，家长可以尝试从以下几点做起。

◆ 策略一：尊重孩子成长的客观规律，科学地指导孩子学习

孩子的成长是有客观规律的，到达一定的年龄时，才会表现出那个年龄段的特点。许多父母或是为了让自己的孩子“赢在起跑线上”，或是过于高估了孩子的能力，强行让孩子做一些“超龄”的事，这不仅会让孩子感觉到极大的压力，孩子在做事的过程中也将会遇到更大的挫折、体验到失败，很容易对孩子的自信心和自尊心造成伤害。

孩子讨厌学习、学习困难的根本原因是孩子缺乏对学习的好奇心和快乐感。大部分孩子并不是一开始就不喜欢学习，而是许多家长把学习当成了孩子必须整天做的事情，结果，孩子在学习中产生的不是乐趣，而是厌烦和痛苦。求知是孩子认识世界的基本途径，而追求快乐又是孩子的天性。如果孩子因为求知而被剥夺了快乐，在痛苦的状态下学习，缺乏认知的需要，他们就会对学习失去兴趣。因此，家长不要强迫孩子学习，要想各种办法让孩子主动地学习，比如让孩子做几道容易的习题，让他能轻而易举地完成；当孩子做得好时，适时表扬，让孩子体验到成功的乐趣。然后，家长再调整作业的难度，让孩子一步步完成家庭

作业。

如果孩子是因为学习困难而对学习失去了兴趣，家长就要耐心地帮助孩子找到困难的原因，帮助孩子掌握科学的学习方法，如可以向老师请教，跟孩子讨论，分析孩子的主要问题在哪里，从而有针对性地采取措施。如果孩子在课堂上注意力不集中，课后不会做作业，家长就要指导孩子上课认真听讲，让孩子把握好听课的技巧。如果孩子在学习过程中不会选择重要的内容，家长可以每周给孩子两篇长文章，让他把长文章缩写成短文章，这样可以让孩子更好地把握重点内容。家长可以和老师请教，请老师提供帮助。

◆ 策略二：让孩子安排和负责好自己的事，帮助孩子摆脱依赖心理

让孩子尝试独立管理自己，不仅能让孩子养成独立思考的习惯，激发孩子主动探索的欲望，也有利于孩子自己发现问题，进而想办法解决问题。家长要坚持不包办代替，孩子自己的事情让他们自己做的原则，放手让孩子做力所能及的事情。家长可以从培养孩子在日常生活中的自理能力开始，培养孩子的独立意识、独立生活能力和自己的事情自己做的习惯。在保证安全的情况下，家长不要怕孩子出危险，不要怕孩子做错了，要相信孩子的能力。孩子通过自己的实践，就能够学会独立，就能够自己去处理自己的生活和学习，使生活、学习成为自己的事情。当孩子遇到困难，不能独立完成要做的事情时，家长应给予鼓励和引导，必要时给予适当帮助，但一定要坚持让孩子独立完成。

比如孩子觉得要洗的碗太多，想偷懒了，家长可以换种语气鼓励孩子去做："爸爸妈妈相信你完全有能力自己完成这件事，而且会做得很好，对不对？"又如在孩子收拾自己的衣柜，不会叠整齐衣裤，不会摆放，忍不住过来找您帮他完成时，家长可以巧妙地找个借口，引导孩子自己接着做："爸爸妈妈现在没时间，正忙呢。你试着自己想想办法解决一下，多试几次，一定行！"再如孩子在学习上遇到困难，寻求您的帮忙时，不要直接告诉他答案，不要总想着帮孩子完成，可以点拨一下他的思维："你再仔细读读题目，看看有没有启发。"更不要否定他，不

要说“你怎么那么笨，一点儿都不会”“教了你好几遍了，怎么还不会”这样的话，不能一味地指责孩子，要发自内心地认可和夸奖他独立学习的能力。

◆ 策略三：尊重孩子的自我，培养孩子自己拿主意、做决定的能力

家长管教孩子时，经常犯的错误就是“忍不住”：每当看见孩子一些行为不符合要求时，总是忍不住上前纠正，让孩子按家长的标准和方法做事，家长才觉得安心和满意。实际上家长有足够的耐心，让孩子自己按自己的方式做事，孩子可以得到更大的进步。如果家长给了孩子自己做主的权利，但又忍不住横加干涉，在一旁指手画脚，这样不仅达不到预期的效果，而且会使自己在孩子面前失去威信。因此，当家长决定放手让孩子自己做事后，就得有意识地自我忍耐，这也是培养孩子主见的重要途径。

家长还可以创造机会，培养孩子自己拿主意、做决定的能力。常常有家长认为孩子的主意不好，应该听大人的，教育孩子也是以要求孩子顺从、听话为主。实际上，孩子有主意是好事，孩子有自己的看法和见解时，家长就应该给孩子自己做决定的机会和权利，从而培养孩子的自我抉择能力。

作为家长，平时再忙，也要多多留意孩子的表现，多给他们锻炼的机会，帮助他们养成自我管理的良好习惯，细心地感受他们的成长。对孩子良好习惯的培养，将使他们终身受益。

规划时间
——制订好学习计划

案例分析

丽花是一位勤奋好学、品学兼优的学生，曾经获得广西“新时代好少年”的荣誉称号。她喜欢阅读和写作，在最近一次市里的小学生读书征文比赛中获得了特等奖。获奖后，丽花接受了记者的采访，推荐了自己喜欢的书，还非常大方地分享了读书方法。这样一个自信、积极向上的小女生给大家留下了深刻的印象。丽花的家长是怎样教育出这么优秀的孩子的呢？丽花妈妈用自己的经验告诉大家：“培养孩子养成自觉学习的习惯、成为时间管理的小达人很重要。”

丽花还很小的时候，根本就没有时间的观念，父母叫做什么，她就做什么。为了让她在日后的学习、生活中尽快独立自主起来，父母经常和学校老师沟通，寻找合适的教育方式，让她形成良好的习惯，比如告诉她，每天都要安排好自己的事情，吃饭、睡觉、学习、玩耍是必要的，但是也要做阅读之类的有趣的事。每天父母陪着她一起，以不同的、有趣的方式来读书，让丽花觉得读书和做游戏一样，是件好玩的事。慢慢地，她每天也会自觉阅读了。

把阅读变成丽花坚持下来的习惯后，父母又试着进一步去引导她，开始尝试让她感受和理解时间的概念，教她规划时间。比如，孩子上三年级了，刚好学到了一个单元，里面的课文全部和寓言故事有关。那段时间，丽花一回家就喜欢找书看，专门看寓言故事。可是，要读书、学习，还要有时间读寓言故事，该怎么安排呢？父母教她学会规划，科学管理时间，这样就能有更多时间去做自己喜欢的事了。

丽花父母通过让丽花养成良好的自主学习习惯，建立时间观念，引导丽花合理规划时间，这种做法值得我们借鉴。很多孩子的时间观念不强，做事效率不高，原因一般有以下几个方面。

1. 不合理的时间规划

有的家长希望孩子将来有出息，恨不得孩子把所有的时间都花在学习上；有的家长希望孩子拥有快乐的童年，觉得孩子小时候即使贪玩、不爱学习也没关系，长大再改正也来得及；有的家长希望孩子跟自己更亲密，想方设法地陪伴孩子，孩子学习多久、玩耍多久，就陪伴多久……其实，在孩子成长的“时间”单位里，也需要劳逸结合、张弛有度。学习时间过长，容易身心疲累，压力大；玩乐时间过长，容易亢奋，不利于休息，这些都是时间规划不合理的现象。学习、娱乐、休息的时间需要交替进行，科学安排，才能有效地促进孩子的健康成长。

2. 家校缺乏有效沟通

由于大部分学校的班额都很大，一个班级最少有二三十名学生，配备的教师人数又少，在这种情况下老师没有精力也不可能只专注于教育一个孩子。到了三年级这个转折期，若孩子因不会规划时间而出现学习拖拉、成绩下滑等情况时，仅仅依靠学校和老师还不行，必须依靠家长的配合与支持、依靠家长正确的教育和引导。有的家长或是平时工作忙碌甚至长期不在孩子身边，或是不懂如何教育孩子，出现问题时总想着“学习是孩子自己的事”“教育孩子是学校的事”。如果家校双方没有及时进行有效沟通，都以为对方会解决孩子的成长问题，就会出现“谁也没管到”的盲区，错过培养孩子学会自我管理的最佳时机。

3. 家长忽略孩子独立自主的需求

很多家长拥有丰富的人生阅历，以“过来人”的身份看待孩子的成长，只要认为是正确的事就要孩子按照他们的想法去做，忽略了孩子独立自主的需求。当遇到孩子的“童年叛逆期”时，这种想法和教育方式就容易引起亲子冲突。孩子渴望打破父母设立的界限，寻求自我，可价值观不成熟、自控力弱，对学习缺乏热情，时间管理概念模糊。如果孩子拥有管理时间的能力，孩子会更自律，自主性会更强，能够合理规划自己学习和生活的时间。家长如果只是事无巨细地照顾孩子，就无法让孩子的身心都得到健康成长和发展。所以，家长要尊重孩子的独立自主，给予孩子必要的时间和空间，重视培养孩子的时间管理能力，引导孩子构建自律的成长心理。

有的家长工作忙碌，导致孩子缺少父母的陪伴；有的孩子随着祖辈生活，无法得到更多有效的帮助。随着学业日渐繁重，引导孩子学会合理、科学地规划时间，走出独立自主的第一步，尤为关键。可以说，三年级这个不大不小的年纪，正是最好的教育时机。

了解孩子

在孩子年龄尚小的时候，许多家长认为，虽然孩子对时间还没有很清晰的认知，但随着年纪的增长会慢慢变好的。然而，到了三年级，有的孩子磨蹭、不珍惜时间的情况依然没有明显的改变。此时，家长就要有针对性地对孩子进行时间管理的引导教育了。孩子们性格迥异，只有了解他们的身心发展规律，因势利导，方能取得成效。

一、孩子之间存在学习能力的差异

经过一、二年级的学习不难发现，从三年级开始，孩子之间会出现学习能力的差异，有的孩子基础比较牢固，基本形成了良好的学习习惯；有的孩子基础打得不够扎实，且没有形成良好的学习习惯。家长与孩子共同制订学习计划时就需要切合孩子的实际情况：对于学习基础比较牢固的孩子，除了安排巩固课内知识的学习时间，还可以适当增加学习课外知识的时间；对于学习基础比较差的孩子，就要以巩固课内知识为主，多安排一些巩固练习的时间；对于学习专注的孩子，学习时长可以稍微长一点；对于注意力集中时间短的孩子，就要注意劳逸结合，学习和休息时间交错。如此一来，制订的学习计划才能有效实行。

二、孩子开始有独立自主的意识

进入三年级，孩子的自主意识开始增强，不再一味听从家长的话，有了自己独立思考的能力。孩子会对家长干涉自己所有的时间安排有所不满，有时甚至会出现叛逆心理，觉得家长事事替他做主，对他不尊重。因而，在引导孩子学会规划时间的过程中，家长需要达成一个共识：不要急于求成，不要逼孩子，应按照孩子的身心发展规律循序渐进地教育孩子，尊重孩子的内心想法，给孩子一定的自由度。在制订学习计划时，家长需要和孩子一起商量，征求他的意见，引导孩子规划好学习时间。

三、孩子期待得到认可

三年级的孩子渴望自己的价值得到认可，如果能在别人的评价中发现自身的价值，就会产生兴奋感、自豪感，会对自己充满信心，从而将其转化为进步的动力。有的家长过分地宠爱孩子，有求必应，为孩子安排好一切，这种做法会使孩子幼小的心灵产生自己很无能的感觉，认为自己不如大人，从而使孩子的自我价值感降低。有的家长对孩子的爱是“有条件的爱”，若孩子的行为符合家长的心意或考试成绩好，家长就欢天喜地；若孩子的行为不符合家长的心意或考试成绩不好，家长轻则训斥一顿，重则连打带骂一顿。这种做法也会降低孩子的自尊心和自我价值感。家长的正确做法是，给予孩子无条件的爱，引导孩子学会独立，及时肯定孩子的正确行为，赞扬孩子取得的每一点进步。孩子有机会感到付出努力之后的成就感，就能提升自己继续努力的动力。

四、孩子的情绪处于不稳定期

对于孩子的学习，很多家长都设定高目标，希望孩子努力向目标靠拢，变得更优秀。可是，三年级的孩子心智尚未成熟，情绪不太稳定，且生活经验不足，自我调节能力比较差，若设定的目标太高，就容易产生压力，在冲突、约束、遭受指责等情况下，容易产生紧张的情绪。在这个年龄阶段，如果家长一味地要求孩子按照安排，强制孩子去执行计划的话，更容易适得其反。

针对孩子成长中的特性进行“时间管理”本没有错；设定目标，帮助孩子制订学习计划，提高学习效率，出发点也是好的，可是，家长还需要听听孩子们的想法，通过换位思考来完善计划。

>>> 1. 我希望能安排自己的时间

每天晚上，妈妈总是安排我复习语数英。其实，我只是数学差一点，只想多花时间做一下数学题，其他的时间如果可以用来画画、看课外书、做手工，该多好啊！妈妈把我的学习计划安排得满满当当的，学习内容一个接一个，我太累了。

>>> 2. 我不想听从爸爸的安排

爸爸把我晚上的学习时间安排到那么晚，内容那么多，不是写作业，就是读书做题，我连休息和玩游戏的时间都没有，才不要过这样的日子呢！要是爸爸真的逼着我按照计划表去学习的话，我宁愿作业写慢一点，这样，就不用再去完成爸爸额外增加的作业了。

很多父母都认为孩子小，不懂事，不会自己安排时间。其实，让孩子安排自己的时间，他才能积极地实现自我，才能用创造性的方法表达自我，从而调动自己各方面的积极性。所以，父母在培养教育孩子时，应该转变观念，引导孩子合理安排自己的时间，让孩子学会做时间的主人，这样才会让孩子终身受益。

实施指南

培养孩子具有较强时间管理能力，能够高效地利用学习时间，合理地安排休闲时间，学得轻松、玩得快乐，可能是每一位家长的愿望。对三年级孩子来说，时间还是一个抽象的概念，让孩子能够妥帖地处理每一件事，能够高效高质量地完成任务，并不容易。帮助孩子养成时间意识和时间管理能力并非一蹴而就的事，需要家长在日常生活中循序渐进地渗透和引导，更需要家长耐心地陪伴和鼓励。

◆ 策略一：让孩子认识时间

毛毛最近搬家了，新家离学校更远了。他克服不了早起的困难，总想再睡几分钟，起床后做事又磨磨蹭蹭，好几次上学都迟到了。有时候放学了，毛毛回到家总想玩几分钟再去吃饭，总要妈妈叫好几次才过来。毛毛这么没有时间观念，惹得父母很生气，他解释道："我也想快点，可是我不知道时间怎么就这样过去了，不知道原来我这么磨蹭。"

进入三年级，很多孩子还没有时间观念，对于时间的流淌浑然不知。实际上，孩子很多时候做事并不是故意拖延，而是因为他们还不了解时间，也不知道完成一项任务需要用多长时间，因此，要让孩子学会管理时间，首先要让孩子认识时间，教孩子掌握时间观念。家长可以买来小闹钟，每做一件事之前，告诉孩子需要多少时间完成，然后调好时间，以响铃的方式来提醒孩子；可以将一些重要的事情记录在日历上，在截止日期上做个记号；还可以利用番茄钟或沙漏这样的时间工具，计算孩子平时在穿衣、刷牙、洗脸、吃饭、收拾书包等事情上所用的时间。

慢慢地，孩子就会初步具备时间观念，在此基础上再设定目标，孩子努力起来就会更有效率了。

◆ 策略二：教孩子学会合理安排和利用时间

在孩子对时间有了直观的了解后，家长可以列出孩子的日程安排，包括日常生活中的必须去做的各项事务，如吃饭、睡觉、学习、休息等，安排日程时可以用开家庭会议的形式，和孩子一起认真商量、制订计划，充分尊重孩子的感受。同时，家长应在孩子制订日常学习、生活计划之前，帮助孩子理清楚思路，比如可以问孩子：一周有多少天？一天有多少小时？你打算怎么安排？做每件事分别需要用多长时间？如果要做的事情很多，应该怎么安排才合理？家长可以在引导孩子说出自己的想法之后，认真地考虑和分析，给他一些合理的建议，把决定权交给孩子，这样既尊重了孩子，又培养了他的独立意识，锻炼了孩子独立思考的能力。

◆ 策略三：教孩子学会运用时间管理法

家长要和孩子一起，将计划要做的事情一项一项罗列出来，编排事情的先后顺序，制成表格。同时，家长还要让孩子知道事情的轻重缓急，并且能用较少的时间去学更多的东西，以便取得好成绩。另外也要注重课外活动、个人爱好等其他事情的安排，真正做到井然有序地处理问题。计划可细化到每日任务，做到“当日事，当日毕”。教会孩子合理地利用时间，可以大大提高孩子的做事效率。

小雨明天要参加“英语小达人”比赛，决定今天再好好准备一下。她吃完早餐就开始背单词了，可没过一会儿，妈妈就发现她在练习吹奏新买的竖笛。本以为小雨玩一会儿就会继续背单词了，结果观察了一段时间，妈妈发现她似乎已经忘记了比赛的事。妈妈哭笑不得：“小雨，明天不是要比赛吗？单词都背好了吗？是不是一定要现在学会吹竖笛呢？哪件事紧急就该先做哪件事呀！”小雨不好意思地说：“妈妈，您这么一说还挺有道理的，我这就去背单词。”

进入三年级，很多孩子做事情还没有什么头绪，无法很好地规划时间，做事情不够专心，所以效率比较低。面对孩子这样的表现，家长无须指责，而要引导孩子制订一份周密可行的学习计划，巧妙地运用时间管理法，善意地提醒孩子注意事情完成的先后顺序，帮助孩子分清事情的重要性和紧急程度，从而有条理地安排时间，把事情做得更好，让自己成长得更快。

◆ 策略四：根据实际情况，制订学习计划

家长可以和孩子一起制订学习计划表，计划必须要科学合理。首先，在制订计划时，不仅要明确学习任务和目标，而且要安排参加社会活动、锻炼身体和娱乐休息的时间，做到劳逸结合。其次，孩子学习生活的各个方面的内容，所占的比重不同，如各门功课的学习和其他课外活动所占用的时间比例是不一样的，家长和孩子应充分看到这些差异，才能制订科学合理的计划。最后，要让孩子充分考虑自己的实际能力和水平，突出重点。对那些孩子学起来感到吃力的学科，可以多分配一些时间；而对困难不大的，则相对少用些时间。学习计划表完成后签名贴在墙上，让孩子感受到自己为自己做主的自豪感，同时，家长需提醒孩子要说到做到。

大宝是个学习认真的孩子，可是最近几次课堂练习他都没完成好，眼看就要期末检测了，他心里很着急：到底该怎么办呢？大宝的妈妈了解了情况，发现离期末检测还有两周的时间。于是，她告诉大宝，事情可以按照重要和紧急的程度来划分：①重要、紧急的事情需要马上做；②重要但不紧急的事情，应该有计划地做；③紧急但不重要的事情，能不做就不做；④不重要且不紧急的事情，想做也不要做。妈妈建议大宝用这样的方法来调整每天的学习安排。大宝听了妈妈的建议，试着运用这一方法来调整和安排每天晚上的学习，并做了一张表格：

晚间学习安排表（19：00—21：00）

原计划事项	时间	现安排事项	时间
语数英复习	10分钟	语数英复习	30分钟
语数英预习	10分钟	练字	10分钟或暂停
练字	10分钟	休息娱乐	20分钟
画画	20分钟	考试复习、错题订正	30分钟
运动	25分钟	画画	暂停
休息娱乐	35分钟	休息娱乐	20分钟
洗漱	10分钟	洗漱	10分钟

考虑到临近期末检测这个实际情况，大宝和妈妈及时调整了之前所做的学习计划表，既保证了充足的复习时间，又增加了休息娱乐时间，做到了劳逸结合。有了这张调整后的学习计划表，大宝期末检测前的复习和准备就更充分了，在期末检测中取得了非常好的成绩。

◆ 策略五：执行计划要张弛有度

计划毕竟是一种设想，并不等于现实，在付诸实施的过程中，还可能出现各种各样的情况影响计划的实现，因此要留有适度、灵活机动的时间，做到张弛有度。遇到孩子中途缺乏耐力继续执行计划的时候，家长不妨根据实际情况，对计划表进行及时的调整，利用“把大目标分解成小目标”的方法，适当减轻孩子的焦虑和执行计划的压力，比如将20分钟完成语文作业的目标，分解成前10分钟完成第一道练习，后10分钟完成第二道练习的目标；将1分钟跳绳150次的目标，分解成第一周先达成1分钟完成100次的目标，第二周达成1分钟完成110次的目标，以此类推。

家长还需要及时检查孩子的执行情况，督促孩子完成预定目标，同时设置奖励，加以激励。这样的学习计划表也可以用在假期的学习规划上。建议家长在鼓励孩子进行时间规划的同时，也要做到多一些鼓励、少一些责骂，多一些照顾、少一些控制。此外，家长也要很好地进行时间管理，以身作则；家长之间要达成共识，共同起好带头作用，在工作与陪伴孩子之间找到平衡，成为孩子的榜样，和孩子一起成长。

合理消费
——学会管理零花钱

案例分析

东明的爸爸是个木工，手艺在当地是出了名的好。暑假一过，东明爸爸可高兴了，孩子升上三年级，不用再像一、二年级那样来回接送了。为了给家里多赚点钱，东明爸爸延长了工作时间，有时接到镇里的木工活还需要离家一段时间。由于爸爸妈妈工作繁忙，没有时间再接送东明上下学，这样一来，家离学校比较远的东明，只能带午饭去学校吃。东明爸爸担心孩子吃不饱，总会多给孩子一些零花钱，让孩子饿的时候可以在学校的小卖部买点吃的。

过了一段时间，东明爸爸觉得东明有点不对劲，不知道什么原因，东明要钱的次数越来越多，数目也越来越大。询问之后才知道，这些零花钱孩子全拿去买零食了；买来的零食，东明除了自己吃，还会很大方地请班里的同学吃。东明为人大方、花钱豪爽，所以他在班上人缘挺不错，好多同学都喜欢和他玩。

案例反映的是三年级这个年龄段的孩子还没能形成正确消费观的现象。零花钱教育在孩子的一生中格外重要，是否有管理零花钱的能力将成为孩子日后能否独立、负担家庭生活的基础。零花钱是家长引导孩子学习合理消费、培养孩子延迟满足的能力的重要教育工具，但在大部分的家庭里，零花钱却很难发挥它的正面功能。这到底是为什么呢？

1. 家长给孩子过多的零花钱

随着社会经济的发展和人们生活水平的提高，有的家长会定期或不定期地给孩子很多零花钱，同时又很少留意零花钱的“去处”；还有不少家长认为，自己小时候日子过得不好，现在不能让孩子再受穷，于是便无限度地宠爱孩子，满足孩子的一切要求。殊不知，三年级的孩子还没有建立起劳动和金钱的概念，自制力和计划性又比较差，若家长给他过多的零花钱，时间一长孩子就不把钱当回事了，就会养成花钱大手大脚的习惯。

2. 家长自身的消费观念和消费行为不正确

孩子的消费心理与行为主要受家庭的影响。如果家长经常有冲动购物、盲目消费的行为，无疑会使孩子的消费观陷入误区。在我们身边，有一些父母愿意为孩子多花钱，无论是衣物还是生活用品，全部要用名牌；孩子提什么要求也都会满足，这就刺激了孩子的物质欲望。还有些家长，即使家庭经济条件不宽裕，因为担心孩子被人瞧不起，宁可自己省吃俭用，也要让孩子与其他孩子一样穿好、吃好、玩好，从而助长了孩子大手大脚的消费习惯。

3. 家长用金钱和物质激励、弥补孩子

有的家长忙于工作，孩子长期由老人照顾，于是想着用物质来弥补对孩子的愧疚，其实这非但无济于事，还会对孩子的心灵造成伤害，更会造成孩子对物质享受的过于追求；还有的家长用金钱和物质激励孩子学习，这样既不能让孩子爱上学习，也不利于孩子正确理解金钱的作用，只能将孩子变成“财迷”，促使他们一切“向钱看”。学习的驱动力只应该是兴趣、爱好和孩子心中的梦想，如果孩子将金钱当作目标，就不利于自身正确价值观的形成。

4. 家长避讳和孩子谈钱

在现实生活中，许多家长避讳和孩子谈家庭的经济问题，觉得孩子太小、太单纯，正处在学知识的成长阶段，怕孩子过早地染上世俗的铜臭，或者背上不必要的思想负担和压力，从而影响孩子的健康成长。这

些家长认为经济问题是大人应该操心的事，孩子只要把学习搞好就行了。然而，在当今社会，金钱与每一个人的生活都息息相关，想让思想活跃的孩子完全与金钱隔离是不现实的事情。相反，正是这种不应有的避讳导致了对孩子的理财教育的缺失，使错误的、盲目攀比的金钱观乘虚而入，占据了孩子尚不成熟的头脑。孩子会以为父母的钱来得毫不费力，花起来大手大脚。

5. 孩子的交友方式不正确

随着年龄的增长，孩子的交友需求更加强烈。为了多交朋友，有的孩子会给自己喜欢或者交好的同学买零食吃、把钱借给同学，或是随意地把零花钱分给其他同学，错误地认为这样可以交到更多的好朋友。

了解孩子

让孩子从小懂得怎样正确地花钱，养成理财习惯，这绝不是一件小事。许多家长因为不了解孩子的特点，在教育上无所适从。

一、孩子还没有建立健康的消费观

三年级的孩子还没有形成成熟的金钱消费观和理财观念，对于家长给的零花钱和压岁钱，往往会随心所欲地花，久而久之，就容易引发很多问题。第一，当今社会诱惑繁多，稚嫩的孩子缺乏明辨是非的能力和意志力，如果得不到父母、教师的及时引导，孩子就有可能沉溺于享乐而不能自拔，就会不重视精神生活，更谈不上人格、理想上的追求。第二，孩子乱花钱，不懂珍惜劳动成果，不知晓父母赚钱辛苦，就不会对劳动心存敬畏之心，这会影响孩子健康人格的形成。

二、孩子容易感到饥饿，喜欢买零食解馋充饥

有调查显示，孩子的零花钱主要被用在购买食品上。三年级是孩子身体生长发育的重要时期，孩子很容易感到饥饿，看到好吃的零食，往往管不住兜里的钱，买了再说。买多了、吃多了，吃正餐时就会吃得少或是干脆不吃，打乱正常的饮食规律和良好的生活习惯，影响身体的生长发育。如果孩子频繁地吃一些不健康、不卫生的零食，就容易出现恶心、腹泻、消化吸收功能紊乱、胃肠功能紊乱等病症，影响孩子的健康。

三、孩子有攀比的心理

三年级这个阶段的孩子，渴望得到同龄人的认可，容易受到同伴的消费观念影响，甚至产生攀比心理，觉得谁的零花钱数额大、谁请客比较多，谁就是“老大”。有的孩子只要看见朋友有了新的东西，他就想买，从来没考虑过那些东西是否真的适合自己，家里的经济条件是否能满足自己的要求。家长应该经常对孩子进行勤俭节约、艰苦奋斗的思想教育，对孩子的要求具体分析，合理的应该答应，不合理的就要拒绝，引导孩子正确认识盲目消费的弊端，使孩子冷静对待自己的虚荣心，消除攀比心理。

四、孩子的自控力不足

三年级孩子的自控力还比较差，冲动消费的行为比较普遍。这一年纪的孩子对外界的一切事物都有着强烈的好奇心和探究欲望，很容易受身边物质的诱惑，只要他们觉得有趣、好玩、好吃、新奇的东西，就都想拥有，不会思考“需不需要”“值不值得”的问题。家长这时候不要简单粗暴地压抑孩子的消费冲动，而是帮助孩子理性分析、学会取舍，引导孩子学会合理消费。另外，对孩子提出的要求家长应“区别对待”，该拒绝时要坚决拒绝。这样，孩子才会慢慢思考哪些是“需要”的东西、哪些是“想要”的东西、哪些东西超出了家庭的经济承受能力，渐渐做到理性消费。

其实，关于消费的问题，孩子们也有自己的想法。

1. 我为了排解孤独而消费

爸爸妈妈为了多赚点钱，经常不在家；爷爷奶奶又忙着干地里的农活，家里常常只有我一个人。我好孤独啊！每次爸爸妈妈回家，为了哄我开心，他们会给我一些零花钱，让我买自己喜欢的东西。所以只要一想爸爸妈妈了，我就使劲地花钱买好吃的、好玩的，好像这样做就不觉得难受了。

2. 妈妈也有不良的消费习惯

妈妈最爱上网购物了。家里用的、吃的、穿的，很多都是妈妈网购回来的。那个迷你头部按摩器，买回来没几天就不用了；衣柜里的衣服多得快要装不下了；梳妆柜堆着好多大大小小、不同颜色的发夹、发圈；家里只有五口人，可是却有一柜子的玻璃水杯……有时，妈妈还会带着我一起刷手机网购呢！

三年级的孩子正处于从小学低年级向高年级过渡的阶段，生理和心理都有明显变化，开始产生自主意识，渴望独立。同时，这一年龄段的孩子又是敏感的、脆弱的、迷茫的，需要家长抓住教育的最佳时期。父母在消费上更要以身作则，帮助孩子树立正确的消费观念，帮助孩子学会管理自己的零花钱。

实施指南

该不该给孩子零花钱，这一直是让家长困惑的问题。给，怕孩子养成花钱大手大脚的习惯；不给，又怕孩子受委屈。其实，孩子到了能学习如何计划花钱的年龄，家长就可以给他适当的零花钱并由孩子自己任意支配，这可以使孩子从小有机会接触钱、了解钱的用途并学会如何使用钱、如何统筹规划。

孩子不会合理地使用手中的零花钱，除了与孩子生活鉴别能力不高有关，主要还是因为一些家长给孩子零花钱的方式有问题、目的不明确，以及没有正确地指导孩子该怎样合理使用零花钱。家长平时要如何正确引导孩子学会合理消费呢?

◆ 策略一：让孩子知道赚钱的不容易

很多孩子对金钱的认识少之又少，不了解钱的价值，不知道如何挣钱，也不了解大手大脚花钱的后果，尤其是现在手机支付兴起，孩子对钱更没有概念了，更不了解父母赚钱的辛苦。有一些家长只要是孩子想要的就会想办法满足，这可能会让孩子错误地认为“给我买、满足我才是爱我，不给我买、不满足我就是不爱我”。渐渐地，孩子以爱之名，可能会变得越来越自私、霸道，也不懂体谅，把父母的付出当作理所应当。因而，让孩子从小就知道钱来之不易，是非常重要的。

如果条件允许，家长可以带孩子去工作的地方，让孩子看一下父母工作的状态是什么样子的，让孩子懂得劳动和收获之间的关系，体会劳动的艰辛和父母挣钱的不易。除此以外，家长还可以告诉孩子，虽然都是劳动，但是不同的职业，不同的工作时长，不同的劳动强度，会有不同的收益。家长要让孩子明白勤奋的人在机会合适的时候才会有好的工作并得到相应的报酬。

周末到了，方安妈妈趁着孩子的休息时间，带他到自己工作的地方走一走。夫妻俩为了养家，在县城里开了家小饮食店，起早摸黑地操劳着。这天，方安一大早就待在饮食店里了，一边写作业，一边陪着父母。一天下来，他亲身感受到了父母赚钱的不容易，知道了原来所有的金钱都是通过辛苦劳动换来的。那天以后，方安再也舍不得乱花爸爸妈妈给的零花钱了。

◆ 策略二：使用正确的方式奖励孩子

在日常生活中，有部分家长把物质奖励跟孩子的表现相关联，比如把零花钱跟孩子的成绩挂钩，孩子考好了就多给点，考得不好就少给点，甚至完全不给，想用这种方式敦促孩子好好学习。这种方式虽然能够暂时提升孩子做事的积极性，但从长远来看弊大于利，一旦使用不当，不仅不会提高孩子做事的积极性，还会一点点减弱孩子的兴趣，而且孩子不再会为了提升自己的能力而做事，反而会为了获得物质奖励而做事，甚至会把自己的任何行为都与“功利”挂钩，事事与家长提条件、做交易。

综上所述，家长要慎用物质奖励，学会使用精神奖励。答应给孩子的零花钱应按时给予，不能因为孩子的懒散行为、不愿学习、不愿做家务而任意减少、克扣甚至取消；孩子做好分内之事，如做作业、收拾玩具等，不应该受到奖励；履行家庭成员的义务，如洗碗、打扫卫生等，可以给予口头表扬或精神鼓励，但不要使用金钱奖励；孩子用自己的方式赚钱，如收集废品卖钱或参加其他的有偿劳动，获得的收益都是他应得的财富。这样区分可以让孩子懂得承担自己和家庭的责任，明白有劳才有获。

◆ 策略三：帮助孩子建立“君子爱财，取之有道”的道德观念

程程爸爸打电话给雨彤妈妈，告诉她两个孩子今天在学校里发生的事：由于今天到老师那里背书的人太多，程程排着队忽然想去上个厕所，就让雨彤帮忙排队，雨彤让程程给五角钱作为报酬。雨彤妈妈单独跟雨彤进行了沟通，了解了雨彤的想法。雨彤认为“这是在用自己的劳

动赚钱”。雨彤妈妈耐心地告诉雨彤，不是所有的劳动都要报酬，帮助别人获得快乐，是不求回报的。

家长要让孩子明白“君子爱财，取之有道”的道理。一个人想要赚钱并没有错，关键的是应该用合情、合法的手段来赚取财富，不能因为追逐利益而不择手段，不顾他人。为了逐利毫无底线的人即使富裕了也会心生愧疚，不会得到真正的幸福，严重的还可能触犯法律，酿成大错。

孩子金钱观的树立不是一蹴而就的。在对孩子进行金钱教育的过程中，家长要及时察觉孩子的思想变化，发现孩子的思想或行为出现偏差时，要在第一时间予以纠正，这样孩子长大后才会对金钱有正确的认识；还要让孩子从小树立珍惜财富、积累财富、创造财富，以及把财富回馈给社会的观念。家长可以通过鼓励孩子参与公益帮助孩子树立正确的金钱观，这应比灌输节俭观念更为优先，与培养储蓄习惯同等必要。

◆ 策略四：以身作则，为孩子树立榜样

家长的消费意识、消费观念和消费习惯直接影响着孩子的消费活动。家长应以身作则，为孩子树立良好的消费榜样，让孩子懂得量入为出、珍惜劳动成果的消费和生活观念。计划消费、克制消费欲望和抵制消费诱惑，懂得消费时“货比三家”，都是培养良好消费习惯的重要内容。家长应在日常生活中引导孩子懂得节约之美，树立节俭消费观和绿色消费观，提高孩子合理消费的能力，帮助孩子初步树立理财的意识，例如孩子的学习用品的购买，全家衣食住行上的支出、节假日旅游等消费情况，都可以和孩子说一说，跟孩子一起分析哪些是生活必需物品，哪些是必要消费，需要买多少，怎么买更便宜等问题，听取孩子的意见。如果不是必要的支出，就打消购买念头。如果家长能发挥榜样示范作用，孩子就会逐渐形成正确、理性的消费观，这也有助于提高孩子将来自己打理钱财的能力。

◆ 策略五：为孩子创造独立理财的机会

教育孩子积累财富的过程有时比拥有财富更有意义，培养孩子独立自主的经济意识，让孩子知道量入为出、开源节流的理财习惯是受用一生的财富。

首先，家长需要根据孩子的年龄和支配能力定时定量给予零花钱，并根据孩子的实际消费来进行合适的调整，切记不能给得太多。

其次，家长可以引导孩子以周为周期编制财务计划，一周一次“结算”。刚开始时，家长可帮助孩子将未来一周所需的花费记录下来，然后逐日补上额外支出项目，慢慢养成孩子记账的习惯：每周得到多少零花钱，买了什么东西，这些东西价格多少。家长可借此检视孩子的消费倾向，帮助孩子分析其中合理和不合理之处，给予正确指导，使孩子在下次花钱中更合理、更节约。

最后，如果孩子的零花钱有节余，家长要鼓励孩子把钱存起来，告诉孩子这样未来出现突发事件就不会手忙脚乱，让孩子养成存钱的好习惯。如果出现了“赤字”，家长应视具体情况考虑是否给予“拨款”；如果孩子的钱花得合情合理，家长可以先向孩子提供“贷款”，并约定到期必须归还，或从其零花钱中扣除。

家长可以通过有计划、及时记录消费的方式，允许孩子享有对钱的支配权，要求孩子根据自己的学习和生活所需来进行消费。在刚开始的几个月里，家长可以教会孩子记账、比价、讨价还价等基本的理财技巧，锻炼他理财的能力，学会合理消费。等孩子有了合理消费的观念后，他就能独立管理好自己的零花钱了。

延伸拓展

>> 《小学1–3年级，至关重要的51个好习惯》(主编：方舟；出版单位：朝华出版社)

理由及建议：小学一年级至三年级是孩子步入学习生涯的早期，也是孩子身上各种习惯形成的关键期。这本书结合一线教师的教育教学经验，从个性、学习习惯、学习能力、行为与做事、能力5个方面，汇集了51种习惯养成的实用方法，帮助孩子养成良好的学习和生活习惯。家长可以找到孩子在成长中存在的问题或者没能养成的好习惯，参考书中提到的办法，试着做一做，正确引导孩子努力修正自己的行为，帮助孩子实现自我管理，独立成长。

评估改进

一、自我评估

亲爱的家长，您好！您在日常生活中的实际情况与下面列出的表现是否相符？若相符，则选“是”；若不相符，则选“否”。

	是	否
① 您要求孩子独立处理好自己的学习事务。	□	□
② 您不仅要求孩子好好学习，而且要求他在生活中要“自己的事情自己做”。	□	□
③ 孩子独立做事遇到困难时，您会鼓励他坚持下去。	□	□

	是	否
④ 您会鼓励孩子学孩子自己想学的东西。	□	□
⑤ 您有很强的生活自理能力。	□	□
⑥ 如果孩子把事情做好了，您就会明确而具体地表扬孩子。	□	□
⑦ 您有做计划的习惯且会按照计划完成工作、学习任务。	□	□
⑧ 您会和孩子一起制定学习计划，并督促他按计划完成。	□	□
⑨ 您会引导孩子把注意力集中在正在做的事情上。	□	□
⑩ 您会教孩子按紧急程度区分要做的事情。	□	□
⑪ 您会督促孩子合理安排休息、学习和玩乐的时间。	□	□
⑫ 当孩子在做重要的事情时，您会引导他拒绝别人玩耍的邀请。	□	□
⑬ 睡觉前，您会和孩子一起计划明天要做的事。	□	□
⑭ 您能根据实际需求，合理地给孩子零花钱。	□	□
⑮ 您要求孩子做好消费计划。	□	□
⑯ 您要求孩子学会记账。	□	□
⑰ 如果孩子问您要额外的零花钱，您需要他说出合理的理由。	□	□
⑱ 您会要求孩子把零花钱的节余存起来。	□	□
⑲ 在孩子的面前，您能理性消费。	□	□

【评估参考】

① 选择14～19个“是”：您有培养孩子自我管理、独立自主能力的意识，能在生活中以身作则，树立好榜样，善于引导孩子在学习、生活中自理，合理规划时间，提高做事效率，培养正确的消费观，学会管理好自己的零花钱。

② 选择8～13个“是”：您有培养孩子自我管理、独立自主能力的

意识，能注意引导孩子在学习、生活中自理，合理规划时间，培养正确的消费观。建议您多关注孩子在学习、生活中表现出的行为细节，把能力培养落实到细处。

③ 选择1～7个“是”：您有培养孩子自我管理、独立自主能力的意识，但是忽略了家长应发挥的引导督促作用。建议您在帮助孩子独立自主成长的过程中以身作则，从方法和行为上落实，准确界定家长的角色，成为孩子的人生引路者、导师。

二、改进计划

亲爱的家长，您好。阅读本专题后，您应该对如何引导孩子学会自我管理、合理规划时间、合理消费有了更深入的了解。下面请您结合实际，写出自己的改进计划，并逐项完成。

第三专题 幸福学习，有效表达

三年级是低年级向高年级过渡的时期，成长给孩子带来了新的感受和体验，也给家长带来了很多教育孩子的烦恼和困惑：“为什么每天都要盯着孩子写作业，他不可以自觉写吗？”“孩子一、二年级时成绩还是很好的，升上三年级却一落千丈，我很着急，该怎么办？”“孩子小时候很喜欢缠着我问问题，怎么长大了反而和我没话说了？问题出在哪儿？”别着急，本专题围绕“幸福学习，有效表达”，挑选“学习认知”“学习策略”“自我表达”三个话题，结合生动的案例、科学的教育理念和实用的策略，引导家长探究思考，不断地提高家庭教育的水平，更好地解决教育孩子的问题。

学习认知
——孩子的学习孩子做主

案例分析

小新妈妈参加了学校的家长会，才知道小新上三年级后学习成绩持续下滑，她又悔又恼，平时光顾着家里那片菜田，忙着生活，忽略了孩子的学习。小新妈妈马上去学校旁的书店买了几本练习册，回去监督小新写。就这样，小新学习成绩又好了一些，可农活就没人打理了。监督了几天儿子写作业，小新妈妈又去田里干活了。

闲暇时想起小新的学习，小新妈妈就会检查儿子的作业。有时遇到孩子不会、自己也不会的问题，小新妈妈就会上网找答案，直接告诉小新，然后就赶着去市场做生意了。有时一天下来，小新妈妈浑身酸痛，疲惫不堪，回到家也没精力帮小新检查作业了。

一天，小新妈妈接到小新班主任的电话，得知小新经常不按时完成作业，回到学校才开始补写，有时甚至缺交作业。原来，平时小新总是骗妈妈说作业完成了。小新妈妈气极了，回家就拿起大扫把要打小新，小新一边跑一边说："您在家的时候，我问您作业怎么写，您还能直接告诉我答案。可现在您老不在家，我哪知道怎么写，怎么学？您每天都忙着卖菜，想起来才知道管管我。学习不好也没关系呀，长大我也卖菜就好了。"

小新妈妈很苦恼：我有那么多工作要做，顾得了儿子就顾不了生活。孩子也不知道体谅我的难处，他怎么就不能主动学习，一定要我看着才行呢？

良好的自主学习能力不仅对孩子的终身学习有益，而且还可以减轻家长的负担。案例中，小新妈妈很少有时间关心孩子的学习，得知孩子学习成绩下滑才采取陪读的方法监督孩子学习。当孩子在学习和生活中遇到问题时，小新妈妈没有采取积极的态度去鼓励孩子独立思考，而是直接告诉他答案。小新没有养成自主学习的习惯，学习靠家长去监督、催逼，对家长和老师的依赖心理很严重，缺乏主动精神，一旦离开了家长的督促就会变成“脱缰的野马”，任性而为。

孩子学习没有主动性，主要是以下几方面因素造成的。

1. 家长不恰当的教育方式

学习本该是孩子的事情，但就现在的许多家庭来看，学习却已经变成了全部家庭成员的事情。有的家长误解了“自由教育”，或因工作繁忙对孩子的学习全都丢给学校不管不顾，这容易导致孩子不知道学习的重要性，也不知道怎么做才能学好。还有的家长则完全相反，对孩子的学习管得太紧，要学什么、怎么学完全由家长来决定，总是主动替孩子解决学习中的难题，这么做也许短时间内会起到一定的效果，但时间长了，孩子会对学习产生反感情绪，丧失自主学习的能力。

2. 孩子缺乏学习兴趣

孩子的学习兴趣与他对待学习的态度直接关联。有些孩子学习不好，关键就在于他对学习不感兴趣。孩子一旦对学习有了兴趣，他在学习过程中就不会感觉问题重重，反而会思维活跃，自觉地寻找方法克服困难，从而逐渐爱上学习。由此可见，父母应该在激发、培养孩子的学习兴趣上多花些时间与精力，这是孩子能愉快学习并学有所获的重要途径。

3. 孩子的学习目的不明确

由于现在很多家长功利性过于强烈，孩子体验不到获取知识的快乐，而只注重别人对自己学习成绩的评价。不能明确学习目的的孩子，不知道学习是为了什么，往往会错误地认为“学习是为了考试”“学习是父母、老师要我做的任务”。他们缺乏学习的自觉性，学习比较被动，缺乏计划性，心中没有长远的目标，遇到困难就退缩，没有克服困难的决心。

家长要告诉孩子，学习是他自己的事情，学会多少知识、掌握多少本领，都将决定他在未来会有怎样的发展。如果家长经常这样教育孩子，孩子就能逐渐认识到掌握知识是最重要的，而写作业仅仅是掌握知识的一种手段，考试也不过是检测自己对知识掌握程度的一种方法而已。这样，孩子就能端正学习态度、认真对待学习，而不会出现应付父母、应付老师的情况了。

4. 孩子没有掌握正确的学习方法

有的孩子学习方法不当，缺乏学习指导。这些孩子往往不会合理安排时间，学习时不能集中注意力，不能把新旧知识联系起来进行学习，不能选择重要的内容而抛开不重要的内容，无法将学到的知识正确、合理地表达出来。由于不会学习，面对日益繁重的课业内容，孩子自然产生厌学情绪。

小学低年级阶段是基础教育的重要阶段，是培养孩子良好学习习惯的关键期和最佳期。三年级孩子年龄较小，容易受到外界的影响。家长要时常注意自己的行为和教育方式，留意孩子的心理和生理状况，才能更好地引导孩子自觉学习，做学习的小主人。

了解孩子

为什么孩子不能自觉主动地学习呢？这与他们所处的年龄阶段的心理特点息息相关。

一、孩子的自控力较弱

三年级的孩子自我督促、自我管理的意识较差，缺乏自控能力，不能根据规矩和要求来约束自己的行为，不能长时间地专注于某一件事。学习是枯燥乏味的，而爱玩是孩子的天性。对于这些情况，家长应该予以理解和尊重，要适度提醒孩子合理安排作息时间，但是不要强迫孩子，否则只会适得其反。如果让孩子变得过于克制，就会失去这个年龄段的孩子应有的纯真和快乐。对于孩子因为玩耍导致的拖延情况，家长也不要粗暴地解决问题，而要寻求合适的方法让孩子认识到该去学习了，引导他们形成张弛有度的自控意识。

二、孩子集中注意力的能力较弱

儿童心理学研究表明，孩子分心的概率与年龄成反比。三年级孩子的注意力能保持在20分钟左右，注意以无意注意为主，容易被有趣、新奇的事物吸引。另外，由于身心发育尚不健全，三年级的孩子还无法根据实际情况将自己的注意力集中在需要注意的事物上，从而经常会过度兴奋，总是“惦记”着一件事情而忽视了眼前的事物，所以孩子在写作业的时候容易出现分神的现象。如果家长为孩子买了过于花哨的学习用具，在学习时，孩子就容易把注意力集中到这些可爱、有趣的图案上，而不能专心学习。

所以，在培养孩子的注意力时，家长应该注意培养孩子良好的学习习惯，教育他们做每一件事不管有趣还是无趣、困难还是容易都要做到有始有终，帮助孩子养成在做事时仔细、耐心、专注的习惯。另外，孩子一旦学习或做作业，家长就不要和孩子说话，也不要总询问孩子学习的情况，这些都会干扰孩子的学习。只有家长尽力排除使孩子分心的因素，给孩子创造一个安静、独立的学习环境，孩子才能在学习中集中精力，养成良好的学习习惯。同时，家长在安排孩子的学习活动时，不要提出太严格的要求，不要给孩子安排过长的学习时间，让孩子学习二十分钟就适当地休息一下，使孩子的大脑得到一段时间的放松，然后再继续学习。家长只有循序渐进地帮助孩子，孩子才能够有效地集中注意力。

三、孩子的学习自主性较弱

三年级的孩子还没有形成自主学习的意识，对老师、家长有较强的依赖心理。这一阶段，大多数孩子还不懂得有计划地安排自己的学习时间和学习活动，往往是老师说要做什么作业、完成什么练习，就唯命是听，完成任务便行，不多做也不少做；不会主动反思自己的学习效果，检测自己的学习情况，查漏补缺，也不会有针对性地进行预习或查找相关资料。如果孩子长期在家长的监督下做家庭作业，始终在别人的强制下学习，被动地接受知识，就会压抑孩子自主性的发展以及自理能力的提高，因此，家长要有意识地引导孩子学会自主学习。

关于学习认知，孩子也有自己的想法。让我们听听孩子们的心里话吧！

1. 我希望爸爸不要紧盯我学习

有几次，我写作业走神，玩笔盒的时候被爸爸发现了，加上我最近一次学业检测没考好，爸爸便对我采取了“紧盯战术”，每天晚上都坐在我旁边监督我写作业，这让我压力很大。只要写错一个字，爸爸便马上提醒我要改正；我若是稍微停笔思考，准会被爸爸拍脑袋。思考也是需要时间的呀！久而久之，我写作业也不想检查了，反正错了，爸爸会第一时间告诉我的。我就像爸爸的“提线木偶”，学习的不是我，是我爸爸。

2. 我希望学习、娱乐相结合

妈妈帮我制定了一个非常详细的学习计划表：写作业、复习、预习，还有课外的练习题。时间安排得那么满，我连心爱的积木都没有时间拼了。我什么时候才可以轻松一下啊？我好想出去玩啊，整天学学学，一点乐趣都没有！

3. 我希望爸爸对我能有点耐心

我的学习一直比较差，每次作业批改出来，只要我没写好，回家就是爸爸的一顿"狮子吼"。有一次，我为了不被爸爸骂，我偷偷把"C 等级"改成了"B 等级"，谁知道还是被爸爸发现了，他气得边打我边厉声骂："你怎么这么笨！越学越差，还学会骗人了！"爸爸罚我把作业重抄两遍，我抄到凌晨1点才睡。也许，爸爸说得没错，我是真的笨，怎么学也学不好。学习好难啊，我不想学了。

家长掌握了孩子的身心特点，了解孩子为何不能主动学习，并反思自己在家庭教育方面的不足，调整教育方式，合理分配时间，在忙于工作的同时多留意、关注孩子的成长，便可以因势利导，科学地引导孩子自主学习。

实施指南

有哪位家长不希望自己的孩子品学兼优？又有哪个孩子不想取得优异的学习成绩？好成绩的取得离不开孩子的自主学习。家长必须抛弃不正确的家庭教育方式，更新观念，坚持互相理解、共同成长的原则，以民主、尊重的家庭教育理念，启发、引导孩子自觉主动地学习，取得进步。如何让孩子自觉主动地学习？家长可以参考以下几种做法。

◆ 策略一：培养孩子的好奇心，激发孩子的学习兴趣

孩子的好奇心、求知欲和兴趣是孩子最宝贵的学习动力。如果孩

子对某样事物有好奇心，对它产生了浓厚的兴趣，孩子便会积极地去探寻、主动地去求知。

1. 保护、支持孩子的好奇心

孩子对世界是充满好奇的，点滴的好奇心便可以燃起熊熊的学习之火。家长应鼓励孩子提问，鼓励孩子有独立的想法和看法。如果家长因为孩子不停地提问而感到厌烦，随便应付，就会打击孩子求知的积极性。对于孩子的问题，家长也不必急于回答，而应引导、培养孩子观察的兴趣，让孩子从独立观察中体会到乐趣，并主动寻求答案。在日常生活中，家长也要有意识地向孩子提出有关社会生活、自然现象的一些问题，引起孩子观察的兴趣和求知的欲望，并引导他们进行观察、积极思考，获得知识，拓展知识面。

2. 开展形式多样的学习活动

家长可以设计一些学习游戏，通过寓教于乐的形式，为孩子创设学习环境，激发孩子的学习兴趣，比如家长想了解孩子对某个数学知识点的掌握情况，就可以创设教学活动情境，让孩子扮演老师，为家长解答题目。在给家长“上课”的过程中，孩子既能巩固知识，也能发现自己遗漏的知识点。在游戏中激发孩子求知的兴趣，可以促使他自发地探究学习。

◆ 策略二：多鼓励和肯定孩子，帮助孩子树立自信心

家长要帮助孩子发展对学习的自信。自信是一种发自内心的自我肯定，自信本身就是一种积极性，是学习进步的必要条件。自信能让孩子提高学习兴趣，爱上学习，进而取得好成绩。

三年级的孩子已经具备较强的自我意识，他们迫切地渴望得到外界的认可和肯定。若孩子被别人认可，在自尊心的促使之下，他们就会积极地向着更好的方面发展。在日常生活中，家长要多和孩子沟通，尽量给予孩子肯定的评价，在孩子取得成绩时，家长要及时给予孩子赞扬和肯定；若孩子付出了努力却未能取得成功，家长更要给予孩子鼓励与帮

助。在学习上，当孩子在学习中出现波折或遭遇失败时，家长应予以理解、宽容、关心，以平常心坦然面对孩子的成绩，帮助孩子分析学习成绩不理想的原因；对于孩子的每一点进步，不管多微小，家长都应表现出自豪、欣慰的情感，让孩子感到他的努力是值得的，应该更加努力。如此，孩子慢慢地就会爱上学习，不再把它当成一种负担。

◆ 策略三：把学习的主动权交给孩子

若家长为孩子安排好一切，过分保护孩子而忽略对孩子学习能力的培养，让孩子只需要在家长的安排下按部就班地学习，就会大大打击孩子学习的积极主动性，对孩子是十分有害的。家长应该适度地放手，让孩子摆脱对家长的依赖，学会自己安排自己的学习，锻炼独立自主的能力。

1. 鼓励孩子独立完成作业

有的家长经常陪孩子写作业，殊不知孩子一旦产生了总会有人陪有人帮的心理，对家长心生依赖，就更会对作业心生抵触，只有在家长的陪伴下才能完成作业，否则就不愿意主动、独立地去写，这种习惯不利于孩子的学习。只有让孩子学会独立写作业或学习，才能让孩子更好地掌握所学知识，成为学习的主导者。家长要鼓励孩子独立完成作业，遇到问题要独立思考，让孩子自己去翻书、查找资料，开动脑筋，想办法解决。当孩子能独立完成作业，而且作业质量不错时，家长要给予肯定和鼓励；若发现孩子马虎应对，家长应要求孩子改正作业，端正态度。需要注意的是，家长不能大声责骂孩子，否则容易引起孩子的厌烦。如果家长能多一些耐心，孩子就会慢慢养成独立完成作业的学习习惯。

2. 鼓励孩子自己检查作业

家长要让孩子坚持每天检查作业，从而养成习惯。要求孩子自己检查作业可以让孩子意识到要想不耽误更多的时间，下次写作业时就要更加认真和仔细，从而提高学习效率。刚开始，家长可以和孩子共同检查作业，帮助孩子找出错误，让孩子养成检查的习惯；孩子养成检查作业的习惯后，家长可以只提示孩子错误的范围，让孩子自己发现错误；最后，家长只需告诉孩子是否出错，让孩子自己检查并改正。通过这种方式，孩子能渐渐地学会独立检查作业。同时，家长要经常了解孩子的作业情况，每周至少查看孩子的作业一次，这样可以及时了解孩子的学习情况，更有效地督促孩子的学习。

◆ 策略四：帮助孩子处理好学习与玩耍的关系

课后学习是巩固、理解课堂所学知识的重要方法和手段。然而孩子的天性是自由天真、好奇心强、喜欢玩耍，常常会因为贪玩而忘记了学习，或因玩耍的时间过长而不能保证高质量学习。家长应帮助孩子正确处理学习与玩耍的关系，既保证孩子能认真学习，又不过分强制性地去压抑孩子的天性。学习和娱乐是连为一体的，相互结合，缺一不可。在学习紧张、心情烦闷的时候，适当的娱乐不但能让孩子放松心情，还能提高学习效率。家长要教育孩子，“专心地学习，痛快地玩耍”，引导孩子制定好学习与玩耍的计划，比如什么时候开始玩、玩到什么时间结束等，都要有一个合理的规划。同时，家长应与孩子约定，计划一旦确立，就要严格遵守，不能因为还没玩够就继续玩下去；一旦进入学习时间，就要调整心情，全身心投入学习中。此外，要有具体的学习计划，家长应引导孩子按照轻重缓急安排好要做的作业、要复习的功课、要预习的内容、要练习的题目等，然后按部就班地去执行。

◆ 策略五：关注孩子的学习态度

即使孩子学习努力，家长也要经常关注孩子对学习的态度，不要以为孩子勤奋学习，家长就可以放心地彻底放手了。孩子对待学习的心态，远比他的学习成绩重要，家长只有时常关注孩子的情绪变化，才能了解孩子的心态和想法，从而及时纠正孩子的不良心态，如把学习看一种任务，心理压力过大、负担过重，骄傲自满、盲目自信等。

总而言之，要想培养自觉主动学习的孩子，家长需摒弃不当的家庭教育方式，更新理念，激发孩子的学习兴趣，把学习的主动权交给孩子，关注孩子的想法，多鼓励孩子，以科学的方法引导孩子明白学习是自己的事，帮助孩子学会处理好学习与娱乐的关系，让孩子迈出主动学习的脚步，取得学习上的进步！

学习策略
——轻松学习，我有办法

案例分析

昊昊是班里的语文科代表，一、二年级时，他的语文成绩一直不错，可是上了三年级，昊昊的语文成绩直线下滑，怎么也上不去。

今天，学校召开期中检测家长会，昊昊很心急，想知道自己的成绩，一边写作业，一边等妈妈回来。到了晚上，妈妈还没回来，昊昊盯着时钟，喃喃自语道："难道这次又没考好？可是检测前我已经很认真地复习了，特别是语文，我把学过的课文读了又读，把老师要求背诵的背了又背，还在草稿纸上默写了好几遍。嗯，这次肯定能考好。"昊昊打消了自己的疑虑，又专心地写起了作业。

门"嘭"地一声，妈妈回来了。她面色阴沉地走到昊昊面前，怒气冲冲地说道："你看看你的试卷，别的不说，就说语文吧，才得了 C 等级，你怎么好意思当语文科代表。你看看你的同桌凡凡，你们的水平一直差不多，这次他就考了 A 等级。这些题都挺简单的呀，你怎么就是不会！"

昊昊拿着自己的语文试卷，回想自己最近的努力，也委屈地大哭起来："我也不想这样的，这次我真的很努力地复习了，一回家就看书，可是，呜……我就是那么笨，我不学了！"妈妈看着昊昊，努力平复自己的情绪，想起昊昊确实非常努力，自己也是看在眼里的，可是再看看昊昊手上的试卷，不禁苦恼起来：问题到底出在哪里呢？

孩子在低年级时学习成绩好，到三年级时成绩突然大幅度下降，这是目前小学孩子存在的普遍现象。案例中的昊昊已经很刻苦用功了，但学习效果却不理想，在多次付出努力没有回报后，甚至产生了自暴自弃的心理。研究表明，绝大部分的孩子在智力上相差不大。孩子学习困难的原因主要有以下几个方面。

1. 孩子的学习压力过重

很多家长对孩子抱有很高的期望，常常不自觉地把考试和分数挂在嘴边，当孩子没有达到家长预期的目标时，便对孩子严厉批评、大声指责，这会给孩子的心理造成极大的压力，很可能让孩子产生不良的学习情绪，进而降低孩子的学习激情，影响孩子的生活态度。当今社会竞争的激烈程度似乎给了家长足够的理由要求孩子在各方面都做到优秀，在学习成绩上更是如此。但是，教育的最高理想不是把孩子培养成“成功人士”，而是要使孩子成为一个幸福的人。孩子形成健康的心理、美好的品格和良好的动手能力，远比在考试中取得第一名重要。

2. 孩子没有养成良好的学习习惯

部分孩子在进入学校前，有过一段时间的超前学习，而一、二年级的知识点又比较简单，加上老师都会在课堂上一遍一遍地讲题目，所以在这一阶段得高分并不难。这样的高分容易让家长忽略对孩子学习习惯的培养，比如预习习惯、听讲习惯、练习习惯、总结复习习惯等。孩子得到了这样的分数，说明他们可能暂时达到了课程标准的要求，但是他们掌握的知识和技能可能还只是表面的、片段的，并没有在大脑里形成一个完整严密的体系。到了三年级，学习的内容增加，知识的难度提高，孩子的成绩自然就下降了。

3. 孩子没有掌握有效的学习方法

一、二年级学的内容都是基础内容，只要孩子愿意练习和背诵，一般就能收获较好的学习效果。但从三年级开始，学习内容就变得丰富起来，所学知识也不能仅靠背、练来掌握，加入了更多需要思考的内容、需要孩子自己理解和联想的知识，孩子在识记的基础上，还必须掌握一套适合自己的有效的学习方法，才可能将知识真正学会，并做到融会贯通，如怎样从书籍和网络中学习，怎样从生活中学习，怎样通过总结促进学习，怎样提高听课效率，怎样快速阅读，怎样提高记忆力，怎样应对考试，怎样规划学习时间，等等。孩子如果能够掌握有效的学习方法，不仅能够提高学习的效率和效果，还能增强对学习的兴趣，使学习成为一种乐趣。

孩子的学习成绩总上不去，背后的原因各不相同。家长需要帮助孩子剖析问题，才能对症下药。

了解孩子

三年级是培养孩子个人意志、学习能力和学习习惯的最佳时期，这一时期，孩子开始从被动学习向主动学习转变，开始有自己的想法。这个阶段的孩子也会遇到许多自己难以解决的学习问题，容易迷茫，失去信心，这时就需要家长给予孩子正确的引导，帮助孩子度过这个不安的时期。

一、孩子的学习自主性有所提高

在认知学习上，孩子开始对学习内容、学习方式、学习时间、学习程度进行自主选择和自主决定。伴随着消极或积极的情绪体验与经验积累，孩子开始做出主动或退缩的行为，并对自己的学习效果进行自我评价，对不同的学习方式做出自主取舍。孩子在这个时期更需要引导，家长不应当采取强硬的姿态逼迫孩子屈从。

二、孩子需要理解能力方面的帮助和指导

三年级的孩子开始发展自己的抽象思维能力，他们的认知方式开始向着成人化的方向迈进。在学习内容上，孩子开始发现不动脑就掌握不好，一旦找到内容的构成规律或特点，学习起来就容易多了。这个经验指引他们尝试理解学习内容的意义，一旦理解失败，或者难以理解，将导致他们在心理上产生困惑。而三年级孩子的认知水平往往难以对所学知识进行准确、深入的理解。因此，这时候的孩子更需要理解能力方面的帮助与引导。家长要善于引导孩子思考问题，在孩子学习的过程中，不要操之过急，要让孩子慢慢领悟、消化。

三、孩子渴望获得家长的肯定

三年级的孩子期望自己的努力能及时得到表扬，学习成果能得到认可，甚至获得某种方式的奖励。每个孩子都希望得到肯定，尤其是来自父母的肯定，因为这是激发他们奋发图强的最大动力。父母的肯定除了可以帮助孩子建立自信心，让孩子乐于表现自我，还可以使孩子端正学习态度，保持学习的热情。因此，父母应常以口头嘉勉或鼓掌、拍肩、拥抱等肢体语言鼓励孩子，让孩子产生荣誉感和责任心，从而更努力向上。

孩子在学习上遇到各种各样的问题时，他们也很苦恼。我们不妨试着听听孩子的心声，和孩子进行沟通，去了解孩子的想法和感受。

1. 我不能理解和消化课堂知识

我的成绩很差，可我不是不想学。我的学习基础不够牢固，上课时，同学们能听懂的题目，我稀里糊涂；他们会回答的问题，我不明所以。于是课上着上着，我就会走神。渐渐地，我越学越不会，越不会就越不想学。三年级的知识比起一、二年级难多了，老师的要求也提高了，我很慌张，每次看到三四十分的试卷，我就很想撕烂它。

2. 我找不到适合自己的学习方法

我的学习成绩中等，在班里比上不足，比下有余。我的好朋友小婷是班里的学习委员，数学成绩很好，不懂的题目我都会向她请教。我按照她教我的学习方法，把数学课本里的例题全背下来，可写作业时，又不会算了。唉！用小婷的学习方法像戴了一顶不合适我自己的帽子，为什么会这样呢？

3. 我努力了却没有用，妈妈也不理解我

我学习很认真，老师上课说的重点，我一字不落地记在了书本上；需要背诵和默写的课文，我反复背诵、默写，努力做到滚瓜烂熟。妈妈给我买的习题集，我也做了一套又一套。可是就算我再用功，成绩仍旧逐渐往下降，妈妈还怪我不够努力。我很痛苦，问题到底出在哪儿呢？

法国生理学家贝尔纳曾说：“良好的学习方法能使我们更好地发挥运用天赋的才能，而笨拙的方法则可能阻碍才能的发挥。”家长需要对孩子有新的了解，针对自己孩子存在的问题，有的放矢，方可有效助力孩子克服学习方面的困难。

实施指南

良好的学习方法是取得良好的学习成绩的基础。很多孩子上了三年级以后会感到课程难度大、学习跟不上节奏和要求、在学习中茫无头绪等，这些都会使孩子越来越丧失对学习的信心，从而陷入厌倦学习的“泥淖”。为此，家长更应加强对孩子学习方法和学习技巧的指导，使孩子通过掌握及运用适合他们自己的学习方法和技巧，不断提高成绩，建立学习的信心，从而帮助孩子突破学习难关。

◆ 策略一：帮助孩子制订合理的学习目标和学习计划

学习是一个漫长的过程，每个孩子都应该有自己的学习目标，而这个目标的实现需要孩子脚踏实地、有步骤、有计划地去完成。家长可以根据孩子的实际情况，在尊重孩子想法的基础上，帮助孩子制订合理的学习目标和学习计划。家长要教会孩子设订长期目标和短期目标，比如短期目标是一个月内写作能力有所提高，长期目标是到本学期期末，语文检测成绩提高一个等级。定下目标后，家长可以把学习目标贴在孩子的书桌旁、床头等醒目的位置，提醒孩子向目标前进。

在目标的指引下，家长要帮助孩子制订切实可行的学习计划，比如每一周应该做些什么、每一天又该做些什么、一天中的每个时间段要学习什么等，还可以把较大的任务分配到每周、每天去完成，逐步实现长期计划中的任务。家长还要督促孩子按照学习计划，认真执行。在计划的执行过程中，家长应及时发现孩子的进步并给予表扬，使其体验成功的喜悦；在孩子遇到困难时，家长要鼓励他战胜困难，必要时给孩子适当的帮助。

◆ 策略二：帮助孩子养成课前预习的习惯

预习能够让孩子联系以前的知识，发现新问题，并把自己在预习过程中理解不了的问题带到课堂上，更好地听老师讲解，这样既能培养孩子的自学能力，又能激发孩子听讲的兴趣、提高孩子听课的效果。家长可以请教老师，了解引导孩子对不同的科目采取不同的预习方法：语文、英语这两科要重点采用理解法预习，即先通读，标注出生字生词以及难以理解的句子，自己查阅资料解决或上课时重点听、记；数学的预习，则应尝试练习的方法，试着提前做一做第二天要学习的例题，不会的地方就是第二天要重点听讲的地方。

◆ 策略三：帮助孩子掌握有效的课堂学习方法

课堂是学习的主阵地，是孩子获取知识的主要渠道。孩子掌握有效的课堂学习方法，提高课堂听课的效率，不仅可以提高学习成绩，还可以节省更多的课余时间，也有利于各学科均衡发展。如何有效听课？家长可告诉孩子，课堂学习可遵循“六到”。

1. 人到

课前提早两分钟回到座位，收拾好自己的课桌，将上一门课程的资料整理好收起来，提前将下一门课程可能要用的文具、课本、笔记本、错题本、教辅资料、试卷等物品放置好。这样不仅可以使自己静下心来，而且可以避免在课堂紧张的节奏里因花费时间寻找对应的资料而错过了重要的知识点。

2. 眼到

上课的时候眼睛要跟随老师，在老师板书时要目视黑板，同时还要留意课件的内容，这样有利于集中注意力，不容易走神。

3. 耳到

要认真听上课的内容，特别是老师讲到的重要内容。

4. 口到

老师提出问题时要积极思考，敢于发表自己的见解，不明白的问题要及时问老师；回答课本上的问题时声音要洪亮；讨论问题时要主动参与，积极发言。

5. 手到

要勾画课本上的重点内容，书上没有的要记在课本的空白处或笔记本上；书写时要正确执笔、认真记录，书写解答过程要规范，写在规定的位置，不写错字、别字，要独立完成老师布置的作业。如果遇到某一问题没听懂，可迅速记下来，不必钻牛角尖，应顺着老师的讲解往下听，没听懂的问题可伺机思考或提问。

6. 心到

带着一些未解决的问题进入课堂，集中精力听老师讲重点、难点和要点；上课的时候要集中精力，紧紧围绕老师的讲课思路用心学习，注意老师讲课中的逻辑性，勤动脑，多思考。

◆ 策略四：培养孩子课后复习的习惯

德国心理学家赫尔曼·艾宾浩斯研究发现，遗忘在学习之后立即开始，而且遗忘的进程不是均匀的——最初遗忘的速度很快，以后会逐渐变缓，这就是著名的“艾宾浩斯遗忘曲线”。因此，要巩固所学知识，必须及时复习，加以强化，并养成习惯。

在孩子写作业之前，家长可以通过提问的方式帮孩子形成一个基本的复习思路，回忆当天所学的课程内容，比如可以问孩子：“今天学了什么新内容?”等孩子回答后，家长可以继续问：“你有什么不明白的吗?”引导孩子思考自己还有哪些内容掌握得不太牢固。家长可以鼓励孩子自己去钻研解决，适时给予他一些指导和帮助。

◆ 策略五：引导孩子养成认真写作业的习惯

写作业是为了巩固知识，并使知识转化为技能。认真写作业的习惯与学习态度是密切联系在一起的，这一习惯的养成对于学生良好意志品质的培养也有着十分积极的意义，所以，家长要告诉孩子端正做作业的态度，嘱咐孩子放慢写作业的速度，字要一笔一画地写，做题时也要先审清题意再解答。家长可以帮助孩子先将所有作业都罗列出来，分清楚哪些作业是能轻松完成的，哪些作业需要查阅资料才能完成，哪些是能独立完成的，哪些完成起来有些困难需要家长的辅导，之后再做一个详细的安排，让孩子在一定的时间内将所有作业按照先易后难的顺序完成。家长要让孩子根据写作业过程中的体会，找到不清晰的知识点进行再次复习，巩固所学知识。

◆ 策略六：帮助孩子制作错题本

家长可以和孩子一起制作一个错题本，把平时作业或考试中做错的题目整理到一起，并定期拿出来复习，这样一来，孩子就会特别注意曾经出错的地方，从而减少犯类似错误的次数。

家长可以教孩子在错题旁标注出错误的症结所在：没有认真审题、记忆不清、错别字、知识点没掌握、定义混淆、书写不规范……让孩子将自己曾记错、写错的字和词在本子里记录下来，孩子在复习时才能有的放矢。记录错题之后，应在题目旁边写上正确的答案，用红笔标记写错的地方，并将涉及的知识点写在题目的下面，孩子在复习时一目了然，能节省时间，还能举一反三，避免再次写错同类型的内容。此外，可以根据不同的学科、不同的题目类型分别记录、整理、积累，这样复习时会更有针对性，既能帮助孩子纠正错误，又可以提高孩子的学习能力。

◆ 策略七：引导孩子正确看待学习和考试

孩子对事物的认识大部分来自家长，家长对学习和考试的态度会直接影响孩子对学习和考试的认识。家长需要用长远的眼光看待孩子的学业评价，客观看待孩子的学习和考试。家长要着重肯定孩子平时为取得好成绩而做出的努力，不要用分数来衡量一个孩子，对孩子要有一个综合的评价，可以告诉孩子，分数高低是次要的，学到知识、学会学习才是最重要的。当孩子取得好成绩时，家长可以和孩子一起分享快乐，但不必给予孩子很丰厚的物质奖励，因为如果外部奖励使用不当，就可能会损害孩子原有的宝贵的内部动机，孩子在学习上就很难再保持心无旁骛、脚踏实地的状态。当孩子偶尔考砸时，家长要给予关爱和理解，而不是责骂和惩罚，要和孩子坐下来一起分析考不好的原因，帮助孩子走出心理困境，让他重拾信心，以积极的心态对待考试。

“学习既要有铁棒磨成针的精神，又要有举一反三的学习方法”，恰当的学习方法使学习变得生动活泼，正确的学习方法有助于孩子提高学习效率，让孩子在学习中尝到成功的滋味，使孩子爱上学习。家长需帮助孩子掌握恰当、正确的学习方法，引导孩子会学、乐学。

自我表达
——想法看法，勇于表达

案例分析

小默从小就沉默寡言，不愿与人交流。父母怀疑小默有自闭倾向，但是经过医院的检查，小默的身体和心理很正常，只是不会表达。小默父母以为小默不爱说话的毛病会随年龄的增长而好转，没想到到了三年级，小默还是老样子，父母为此非常着急。

一天，妈妈去村委办点事，从别的家长那里得知，学校期末素质检测成绩出来了，但是小默却没和她说过。晚上，妈妈回家问小默期末检测的事，见小默没说话，妈妈深吸一口气，心里的火气冲了上来：“问你话呢！到底考了几分？是不是没考好，不敢告诉我？”小默支支吾吾地：“还……还行。”“‘还行’是多少分？是不是考砸了？”妈妈生气地说道。小默怯声道：“没有考不好。”“我问你考了多少分，你倒是说啊！”妈妈扯着嗓子吼。小默又委屈又害怕，呜呜地哭了起来。妈妈失去了耐心，急迫地翻小默的书包，找到了期末试卷——A等级。妈妈愣住了，小默没有说错，确实考得不差。妈妈仔细看了看试卷，有些题目是因为粗心丢的分，如果小默能再认真一点，应该还能考得更好。她回头看看哭得脸都红了的小默，又内疚又无奈，不知道该拿不善表达的儿子怎么办才好。

案例中，小默的妈妈急切地想知道孩子考得好不好，没有足够的耐心等待小默回答，认为小默不回答是考不好，想要隐瞒成绩的表现，于是厉声逼问、责骂孩子。原本性格比较内向的小默，面对咄咄逼人的妈妈，更加胆怯，不敢表达自己的想法，因此引发了家庭矛盾。

相信很多家长也遇到过这种情况，孩子不愿意向自己倾诉心里话，或者孩子想表达，但是表达得不清楚，家长因此觉得孩子有些不善言辞。孩子为什么会这样呢？主要有两个方面的原因。

1. 家长太过宠爱孩子

有的家长过于宠爱孩子，认为孩子小，什么都不会，大小事都一手包办，导致孩子养成了衣来伸手、饭来张口的习惯。孩子受到过分的保护和宠爱，不需要表达就可以满足需求，没有了表达欲望。

2. 孩子缺乏表达的机会

生活中，家长常常会觉得自己的见识比孩子广，以成人的眼光看待孩子，总觉得孩子天真幼稚，不能理解孩子的行为，很少考虑孩子的想法和处境。由于工作忙碌，有的家长很少有时间耐心听孩子讲话，经常打断孩子，或以否定、排斥、轻视的方式对待孩子，封堵了孩子的表达欲望。有的家长习惯对孩子的事情全权做主，完全不问孩子的意见，在和孩子说话时急着表示自己的意见和指示，往往不容孩子把话说完就急于决定，期望孩子乖乖照自己的话做，忽略了孩子的想法，也扼杀了孩子的独立性。还有的家庭父母双方都在外地工作赚钱，托付年迈的祖辈在家照顾孩子的起居，而爷爷奶奶每天要忙着干农活，留孩子独自一人在家。孩子缺少与他人交往的机会，因此缺乏社会交往经验，孩子表达能力的发展受到限制。

家长在培养孩子的表达能力方面起着非常重要的作用。让孩子学会表达自己的想法是一门很难的艺术，作为家长，我们需要反思自己的教育方式，运用科学的方法，引导孩子表达自己的想法，并坚持正确的想法。

了解孩子

孩子不善言辞的表现有时候是因为性格内向，有时候是因为受了委屈，有时候是因为害怕面对家长严厉的眼神。家长需要对孩子的身心发展规律有所了解。

一、孩子的思维能力与语言表达能力发展不协调

三年级的孩子虽然有了自己的想法，但组织语言的能力还跟不上脑中所想，思维发展了，但是不知道该怎么去表达，所以说话时会表现出重复啰嗦、词不达意、语言不连贯、缺乏条理的情况。另外，大多数三年级的孩子本身积累的词汇量少，语言发展水平有限，还不擅长通过口语或文字的方式来表达自我。受家长教育方式或其他家庭原因的影响，有的孩子语言表达能力较好，有的会较同龄人落后。

二、部分孩子的性格比较内向

心理学家卡尔·荣格认为，内向和外向是两种对待生活的态度，每个人的性格中都有内向和外向的成分，只是大多数情况下会更倾向于某一方面。内向与外向只是不同的人格特质，没有优劣之分。

外向的孩子性格比较活泼，喜欢交际；内向的孩子比较安静，较少与人交往。如果发现孩子比较内向，对集体活动兴致缺乏，与朋友交往不够主动，常常喜欢沉浸在自己的世界里，家长不用心急，这是正常的

性格特点，和外向的区别只在于心理取向不同，这些不是缺点。内向型的孩子一般说话办事都比较谨慎，常常会在脑海里经过仔细的思考才会将自己的想法说出来，同时，他们更善于倾听。家长应了解孩子的性格和行为风格，尊重孩子的气质特点，欣赏孩子的性格优势，给予孩子更多的陪伴和理解。

三、孩子缺乏自信

三年级是培养孩子自信心的关键期，此时他们处于自我意识高速发展的时期，还未形成自我评价的能力，主要在别人的评价中发现自身的价值，很在意父母、老师和同学对自己的评价，会从正面、良好的评价中获得愉悦，产生自信心。孩子不敢交朋友，也不敢在人多的场合表达自己的观点，有时会吞吞吐吐甚至一言不发，害怕自己说错话引来嘲笑，这些都可能是孩子缺乏自信的表现。

要引导孩子善于表达，勇于表达自己的想法和看法，家长不妨站在孩子的角度思考，听听孩子的心声，了解孩子的想法和感受。

1. 请给我一个解释的机会

有一次，我和妹妹在田里比赛跑步，妹妹一不小心摔倒了，膝盖受了伤，我急忙把妹妹背回家，累得气喘吁吁。妈妈一看妹妹受伤的膝盖，没有了解清楚情况就断定是我欺负妹妹，害她摔倒了。我开口想解释，妈妈没让我把话说完，就骂我不听管教，我只好不说话了。

2. 我希望爸爸妈妈能耐心听听我的想法

上次，我和爸爸妈妈去商店买我喜欢的生日礼物，可在选择买孙悟空积木还是海盗船玩具的时候，我有些犹豫不决：积木家里已经有了，可我又很喜欢会七十二变的孙悟空。妈妈在一旁不停催我快点，正想告诉妈妈我的想法，可她已经不耐烦地帮我决定买海盗船了。既然这样，为什么还要问我的意见？下次爸爸妈妈再问我想要什么，我就说“随便”，反正他们也不是真的想听我的意见。

孩子不善于表达自己想法的原因有很多，家长在生活中要多留意孩子的言行，相处时给予孩子多一点耐心，孩子感受到家长的关心，就会更愿意敞开心扉交流和沟通。

实施指南

让孩子学会表达自己很重要。如果孩子不会表达自己，他们的想法和见解就得不到交流，思考能力和表达能力也难以得到提高，所以，家长应该在平时就鼓励孩子多表达自己，这对于孩子融入学校，更好地成长都有很好的帮助作用。为此，家长可以采取如下策略。

◆ 策略一：耐心倾听孩子的话

很多家长都会忽视孩子的话，总觉得成人之间的交谈才是最重要的，而孩子说的都是些无关紧要的事情，根本不值得倾听。加上孩子说话没深浅，一不小心就会触及一些禁忌话题，或者语气不够礼貌，所以家长往往忍不住打断孩子，纠正他的用词，或者批评他的某个想法等，这些都会令孩子对表达兴味全无。这种做法必然会影响孩子个性和能力的发展，使孩子容易逐渐变得不善口头表达，不愿独立思考、自主行事。

家长要尊重孩子的发言权，以宽容的心态对待孩子的话，先真诚、耐心地听孩子把话说完，不要妄下定论。家长可以根据孩子说的话进行有针对性的教育：孩子理解有偏差的地方，可以帮助他纠正；孩子看法片面的时候，可以进行补充。这样，孩子的判断能力和思维能力都能得到提高。

◆ 策略二：鼓励孩子表达自己的想法和观点

要让孩子养成敢于开口、乐于开口的习惯，那就需要家长多鼓励孩子表达自己的想法和观点。对于爱说话、爱表现的孩子，家长要多多关注，多为孩子提供和创造机会，让他们的说话激情有地方安放。比如家里来客人或者大家庭聚餐的时候，就可以创造机会让孩子当众讲故事或演讲。对于性格内向、沉默寡言的孩子，家长应该有意识地引导孩子说出自己的心里话。家长可以选取孩子喜欢、感兴趣的事情进行积极的沟通，平时多了解孩子之间的热门话题，比如可以问孩子喜欢的动画片里相关的故事情节。家长还可以多向孩子提一些问题，由孩子自己来表述；当孩子表述出现困难时，换个角度进行提问，或是给出一些提示，引导孩子逐渐主动敞开心扉，畅所欲言。

◆ 策略三：鼓励孩子在班级上发言

老师对主动发言的孩子会有比较深刻的印象，可以尽快了解孩子的知识掌握水平或日常遇到的问题，而且，老师也会更容易给主动表达的孩子以机会，这样孩子便有了不断锻炼的可能性，并在最短的时间里发生变化。所以，要鼓励孩子在课堂上敢于开口。比如，孩子放学回来，家长可以问孩子："今天上课有没有举手回答问题？"鼓励孩子积极表现自己，孩子感受到父母的关心，行动上也更愿意做出改变，这样在班级积极表达想法，也能收获很多的友谊，激发孩子的积极性。

◆ 策略四：教会孩子说话的技巧

家长要开始锻炼孩子表达的清晰度，要让孩子能够说清楚自己内心的想法，将自己想说的清晰地表达出来。首先，要教孩子会表达，让孩子在开口说话之前要先想明白自己想说什么，理顺讲话的内容，提醒他说话要有条理，先说什么后说什么，怎么开头、怎么结尾。其次，要提醒孩子说话要有礼貌，在严肃的场合要说适宜的话，不要乱开玩笑。再次，还要提醒孩子主动发言不意味着抢话，尤其是在上课时，打断老师的话或其他同学的发言，都是不礼貌的行为，应该等待他人讲完、老师允许再开口。

◆ 策略五：丰富孩子的生活经验

丰富的生活内容与经验是孩子语言表达的源泉与基础，丰富的生活经验与体验可以丰富孩子交流的内容，让孩子更有话可说、有话要说。家长可以安排一些亲子活动，例如摘草莓、参观动物园、郊游等。当孩子去到一个新鲜的地方，好奇心会驱使他们询问各种各样的问题，通过与家长的一问一答，孩子既积累了知识，又培养了多观察、爱思考的习惯，还丰富了孩子的话题库。还可以安排孩子参加小朋友们的聚会，鼓励孩子介绍自己的好朋友，回忆和朋友一起愉快玩耍的记忆，说说他们共同的爱好，等等。日常交流的实践，不仅可以让孩子掌握语言表达的技巧，还能锻炼孩子的胆量，增强语言表达的条理性。

家长平时还可以和孩子在家里进行一些连词成句比赛，把几个词语组成一句通顺、连贯的话，或者组织家庭演讲比赛。演讲能够锻炼孩子的口才，也给他们提供一个自我检查、发展的舞台，在演讲的过程中，孩子听、说、读、写各方面的能力都能得到锻炼，而准备演讲材料也能锻炼他们搜集、筛选信息的能力，不仅可以激发他们表达的欲望，还能提高孩子的自信心，获得自主能动的意识。

◆ 策略六：在阅读中培养孩子的语言表达能力

阅读是开发孩子的语言表达能力，增加孩子对更多领域常识的认识和理解，增强孩子思维的广阔性、深刻性、逻辑性的重要方式。家长可以根据幼儿的年龄特点、兴趣爱好选择不同的题材和风格的文学作品带着孩子一起读书，一起猜想故事的情节，一起讨论。还可以试着让孩子独立读完一本书，让孩子谈谈自己的感受，或者让孩子为家长复述书中的故事，锻炼孩子的记忆力、语言表达力等。家长和孩子还可以就阅读的读本，演一演里面的故事，以富于童趣、活泼的形式提高孩子的阅读兴趣，潜移默化地提高语言表达能力。

总之，家长们重视培养孩子的语言表达能力，运用科学有效的训练方法，循序渐进，持之以恒，将更有利于孩子综合素质的提高。

延伸拓展

›› 1.《我在为自己读书》(编著：王磊荣；出版单位：中国纺织出版社)

理由及建议：孩子在学习上付出的所有努力，归根结底都是为了自己。这本书以故事的方式，调动孩子对自身问题的思考，帮助孩子在自省中成长，让孩子读有所思，读有所悟，养成良好的品格习惯，满足孩子对社会、对人生的好奇与探索的需求。

›› 2.《让孩子自觉主动地学习（全新修订版）》(编著：晨曦；出版单位：石油工业出版社)

理由及建议：这本书结合多个家教案例，同时吸纳教育学、心理学最新的研究成果，深入浅出地分析孩子在学习上出现的问题，剖析背后的原因，从教子理念、制定理想与目标、赏识赞美孩子、激发孩子好奇心和求知欲、如何塑造孩子的自信心和乐观的性格，以及如何放手让孩子决定自己的事情等方面，帮助家长指导孩子将学习中的缺点变为优点，提供有效的策略，为引导孩子塑造健康的心理支招儿，是广大家长教育子女的有益读物。

> >> 3.《儿童表达力提升训练》(作者：王瑛；出版单位：中国纺织出版社)

理由及建议：这本书以提升孩子的表达力为核心，全面地阐述并讲解了提升孩子表达力的各种策略，并根据具体的情境分析了不同策略的使用方法。它可以帮助家长有效地提升孩子的表达力，让孩子有勇气和有效地表达自己。

评估改进

一、自我评估

亲爱的家长，您好！您在日常生活中的实际情况与下面列出的表现是否相符？若相符，则选“是”；若不相符，则选“否”。

	是	否
① 当孩子写错字时，您不会着急帮他更正。	□	□
② 您很少会陪着孩子写作业。	□	□
③ 孩子学业检测成绩不及格时，您不会责骂孩子。	□	□
④ 如果孩子拿着作业向您请教，您会引导孩子找到做题的思路，而不是直接告诉孩子答案。	□	□
⑤ 您经常和孩子一起看书。	□	□

	是	否
⑥ 您会引导孩子独立检查作业。	□	□
⑦ 您的孩子能自己收拾书包，整理学习用品。	□	□
⑧ 孩子做作业遇到困难时，您不会指责他。	□	□
⑨ 您和家人会定期举办家庭分享会，创造机会让孩子分享身边发生的事。	□	□
⑩ 您和家人会定期举办家庭故事比赛。	□	□
⑪ 如果条件允许，您会带孩子去他一直想去的地方。	□	□
⑫ 您能耐心倾听孩子的话。	□	□
⑬ 您会引导孩子制定学习目标。	□	□
⑭ 您清楚地理解孩子在课堂学习中的“六到”，即人到、眼到、耳到、口到、手到、心到。	□	□
⑮ 您会引导孩子学会制作错题本。	□	□
⑯ 孩子考试不及格，您不会责骂孩子。	□	□
⑰ 您了解缓解孩子考试紧张的方法。	□	□
⑱ 您会引导孩子预习将要学习的知识。	□	□

【评估参考】

①若您选择“是”较多，说明您在培养孩子自主学习能力及引导孩子学习方面有一定的心得，您善于给孩子创造自主表达的机会，是一位有正确家庭教育观念的家长。

②若您选择“否”较多，说明您仍须加强培养孩子自主学习的意识，在帮助孩子寻找合适的学习方法以及培养孩子自主表达的能力方面仍要努力。

二、改进计划

亲爱的家长，您好。阅读本专题后，您应该对如何引导孩子提升学习认知、学会自主学习，以及提升表达力有了更深刻的理解。下面请您结合实际，写出自己的改进计划，并逐项完成。

三年级下册

第四专题 让孩子拥有好人缘

孩子天性活泼好动，童年的生活，是多么的有滋有味，他们喜欢和小伙伴们相处，一起看书聊天，一起玩乐嬉戏，这时候的友情简单又美好。

三年级，在小学时期属于中段，是非常重要的过渡时期。老师的教法有所转变，各科知识的难度也有不同程度的加深。但是除了学习，培养人际交往能力也是不容忽视的。这个阶段的孩子与同伴的友谊进入了一个双向帮助阶段，随着交往程度的加深，开始出现关系较好的、比较稳定的朋友。他们的择友标准也在发生着变化，感受着交往带给他们患得患失的体验：有时会特别兴奋，原来是交到了新朋友；有时不开心了，原来是这几天和小伙伴吵架了；有时会很迷茫，为什么要好的小伙伴不和自己玩耍了；有时还会窃喜，因为和小伙伴有了一起要守护的小秘密……在父母不能时常陪伴在孩子身边的时候，在孩子想要独立成长空间的时候，这些童年生活中的快乐与烦恼是孩子成长过程中的宝贵财富。

由于年龄和阅历的限制，这个阶段的孩子并不知道该怎么去交朋友，因此就需要我们家长帮助他们、鼓励他们结交更多的朋友，教会他们怎样与朋友友善相处，怎样让孩子的友情种子生根、发芽，开出美丽的友谊之花，怎样帮助孩子构建良好的人际关系。

本专题的内容将介绍孩子如何才能正确交朋友，如何在人际交往中拥有良好的人缘，帮助家长教育孩子学会与小伙伴相处，收获美好友谊。

建立友谊

——学会选择朋友

案例分析

乐乐、小花和天晴这三名小朋友上三年级了。在刚入学那会儿，他们的座位很近，接触得比较多，可天晴只和乐乐成了好朋友。小花家刚巧住在天晴隔壁，所以她经常过来找天晴一起玩，但天晴总是表现出一副爱理不理的样子，有时甚至丢下小花一个人。天晴爸爸看在眼里，觉得很奇怪："孩子和小花不光住得近，又是同一个班级的同学，为什么她不喜欢和小花交朋友呢？"后来天晴爸爸了解到，原来她们三人当中，乐乐的语文、数学成绩是最好的，考试总能拿到双百分，小花的学习没有她们俩好，所以天晴不喜欢和小花玩。爸爸告诉天晴，每个人都有自己的长处，选择朋友不能光看学习成绩，还要看到不同的朋友各自的优点，大家要互相学习，取长补短，一起进步。

听了爸爸的话，天晴想明白了。后来，她常常和乐乐、小花一起玩，教乐乐和小花唱歌，积极参加班里的表演活动；乐乐在学习上也常常帮助她们；小花则带着大家一起锻炼身体。就这样，三个好朋友的关系变得越来越好了。

天晴爸爸的做法很值得大家学习。他没有把孩子交友的事当成小事，在天晴遇到交友问题时，很贴心地为她分析，给出正确的交友建议，帮助她交到贴心的小伙伴。

这件事看起来似乎只是一件关于孩子之间闹别扭的事，但其实与孩子的人际交往能力和态度有关。我们都知道，孩子每天几乎有一半时间是在学校生活的，有很多和小伙伴们接触的机会，这些频繁的接触、沟通会直接影响他们的情绪。好的情绪可以促使孩子积极地学习、生活，坏的情绪若得不到适当的引导，就有可能导致孩子出现心理问题。可见，孩子的交友问题，并不是小事。

1. 孩子交友受到一些影视作品的影响

因为儿童的年龄特征，他们对颜色鲜艳、富有动态的事物十分感兴趣。随着科学技术的不断进步，相关的影视作品、动态图像等以特有的优势进入了孩子的生活，它们集形、声、光、色于一体，直观生动、具体形象，具有较强的感染力。在课余时间、节假日等时间里，孩子们会通过收看电视节目、看电影等方式来打发时光。由于没有得到有效的引导，他们会选择自己感兴趣的内容来看，由于家长没有在孩子观看内容的选择上进行干预，孩子就有可能在接触这些影视作品、动态图像的过程中，被里面的一些所谓的“哥们义气”“江湖道义”等不良交友观所影响。

王青平时爱看武打影视剧，只要完成了学习任务，就会迫不及待地打开电视收看这一类的节目，看得津津有味。家长觉得孩子读完书了，可以适当休息，也没过多阻止。受电视剧的影响，久而久之，王青也会装模作样地“舞刀弄剑”起来。有一次，班里的大强因为一点小事和隔壁班的小伙伴打了起来，王青看见了，觉得大强挥拳的样子很厉害，不知不觉地被吸引，后来还和大强做起了朋友，两人在一起，特别爱玩“打打杀杀”的游戏。

像案例中这样的有暴力倾向的影视作品，可能会对孩子的人际交往产生负作用。

2. 孩子交友时过多关注学习成绩

孩子平时在学校生活的时间比较长，加上部分家长老师总会有意无意地以成绩作为评价孩子的唯一标准，因此作业完成得好、平时检测成绩优异的同学往往特别容易受到表扬。学习成绩好不知不觉也成了不少孩子选择朋友的标准之一。学习成绩好的小伙伴特别受欢迎，但同时也容易受到别人的妒忌。

3. 家长过多干预

孩子与朋友间的交往不仅是孩子的个人问题，也是家庭特别关心的问题。爸爸妈妈的关心很合理，毕竟有时候他们因为自己的工作关系，经常在外奔波，无法时刻关注并照顾孩子。家里的孩子或是互相照顾或是跟着祖辈，而爷爷奶奶只管吃得饱不饱，穿得够不够，哪会关心孩子交朋友的事情呢？有些家长认为，如果孩子交到的朋友足够“优秀”，自己就不用那么操心了。所以，在我们身边，时常会听到许多家长分享他们为孩子设定“朋友圈”的经验。比如，对孩子好友的学习成绩、品行习惯，甚至是孩子父母的圈子和为人等进行全方位“扫描”，为自己的孩子筛选“优秀”社交圈。这样的做法过多地干涉了孩子的交友。事实上，孩子的交往没有成年人之间的复杂性，家长应将交友的权利还给孩子，孩子有权选择和自己志趣相投的人成为朋友。在孩子习惯养成的关键期，父母只需要成为孩子朋友圈的理性监督者，如果发现孩子与他人交友时习得了不良行为，再果断出手帮助孩子解决问题，纠正行为。

古语有云：“近朱者赤，近墨者黑。”很多家长在孩子交朋友的问题上都会很关心他们的交友对象，生怕孩子交到一些坏朋友，沾染上不好的作风、品行或者脾气。所以，建立友谊的第一步，就是要学会选择朋友。

了解孩子

各位家长，您对自己孩子的交友情况有多少了解呢？

孩子进入小学以后，在校园生活的时间增多，和同伴相处的时间也逐渐变多，同伴关系逐渐发展成为与亲子关系同样重要的人际关系。心理学家认为，儿童时期的交友状况，能深深影响孩子未来的人际关系。作为家长，我们要读懂孩子每一个时期身心发展的规律，在交友上给予孩子更多的支持和帮助，让他们明白友谊的珍贵，感受交友的快乐。

一、建立自信心的关键期

三年级是小学生建立自信心的关键期。这时候的孩子不再像在一、二年级那样喜欢黏着爸爸妈妈，而是喜欢和小伙伴一起玩，逐渐有了群体交往的意识。这个年龄阶段的孩子，能在和小伙伴的交往中接受别人的评价，能从别人对自己的看法中了解自己，要是遇到的小伙伴也喜欢和自己相处，愿意听从自己的意见，或者表现出对自己的认同，孩子则会产生兴奋感和自豪感，对自己充满信心。可是，我们家长也要明白，每个孩子的个性和能力不同，当某些方面的不足被别人评价过低时，也会影响到孩子的自信心的建立，在这个自信心形成的关键期，需要我们家长适当给予引导。

二、情绪发展不稳定

三年级的孩子由于生活经验不足，在陌生、严肃、冲突、受约束、受指责等情况下，很容易产生紧张害怕的情绪，因此在和小伙伴们玩耍、学习等交往过程中，容易激动、冲动，常常会因为一点小事吵得面红耳赤，引发情绪的巨大起伏。孩子们如果不及时排解负面情绪，可能会在课堂上不守纪律，在做作业时书写马虎、出错不断，在睡觉时睡不安稳，吃饭没有食欲……影响着学习、生活的方方面面。

三、友谊进入双向帮助期

进入三年级后，随着交往能力的提高，孩子的个性逐渐显现出来，开始建立新的交往标准：首先，他们喜欢选择与自己的兴趣、习惯、性格和经历相似的人做朋友；其次，他们喜欢选择品行得到大家赞赏的人做朋友，如挑选学习成绩比自己好或能力比自己强的人做朋友。同伴交往中开始出现关系较好的、比较稳定的好朋友。这个阶段的孩子，换位思考能力开始增强，同时伴随着社交活动经验的增多，对“朋友”有了更深的认识。他们意识到，朋友是互相帮助的，有来有往，不再只是单方面地索取或给予，希望对方也能有对等的回应，友谊关系进入双向帮助阶段。

四、开始形成小团体

儿童的交友能力是随着身体发育和心理发育不断成长的。中国著名儿童教育家陈鹤琴先生在他的著作《家庭教育》一书中写道："儿童是好游戏、好模仿、好奇的……是合群的，是喜欢别人赞许他的。"在独立意识逐渐增强的三年级阶段，孩子容易和管束他们的爸爸妈妈产生矛盾，开始不愿意听父母的话，却喜欢组建或加入自己交友的小团体，会遵守团体的规则，不允许背叛。他们想当"孩子王"，力图在自己的小团体中确立自己的权威，通过学习优秀、表现出众来赢得团体中小伙伴们的认同；有时甚至会通过一些破坏行为来显示自己的存在，引起其他小伙伴们的注意。更有甚者，有些孩子为了维护小团体里的稳定关系，他们会不乐意见到自己的朋友和别人一起玩。发现孩子有这样的表现时，爸爸妈妈们要提醒他们，应该尊重朋友，包容大度，这样大家才会更快乐，小团体的关系也才会更和谐。

关于交友这个问题，孩子选择"朋友圈"有着自己的标准，让我们来听听孩子的心声。

>>> 1. 我是男生，她是女生

周末，我和爸爸妈妈一起到琳琳家做客。爸爸妈妈和琳琳爸爸妈妈是好朋友，平时聚会常常带我一起去，每次见面，他们就总爱叫我和琳琳一起玩，可是我不喜欢。我是男生，她是女生；我喜欢机器人，她喜欢布娃娃；我喜欢跑来跑去，她喜欢静静地坐着。真无趣！

2. 妈妈，我想和东东玩，可以吗

最近，我交了一个新朋友东东，可是妈妈却不喜欢他，说他是个小捣蛋鬼，学习不好又贪玩，不让我和东东一起玩。可是，东东可厉害了，学校的运动会上，他是跑步比赛的第一名呢；班级大扫除时，他一个人就能把教室里的两桶重重的垃圾拿去倒了；有一次我摔跤了，还是东东扶我去校医室的。妈妈，我想和东东玩，可以吗？

其实，交友是一个双向选择的过程，朋友不仅会影响孩子的生活，还在交往中扮演着重要的角色，如何让孩子交到真诚的好朋友，值得我们每个家长思考。

实施指南

交朋友，是生活中的寻常事，但是学会交好朋友也不是一件容易的事。有位哲人曾经说过："有好朋友就会有好人生。"可能爸爸妈妈们会这样想："孩子才刚上三年级就谈人生，是不是太早了？"答案是否定的。要知道，身边的朋友会对孩子的成长起着至关重要的作用，孩子的交往能力、与人沟通的能力也会影响到日后他在社会上的表现。作为父母，怎么帮助孩子建立友谊，找到好朋友呢？

◆ 策略一：多带孩子参加聚会，让孩子喜欢交朋友

家长即使平时工作比较忙，也应抽空带孩子去亲戚朋友家坐坐。例如在农村生活的家庭，家长可以带着孩子走访亲友，为亲友捎去一些在外地工作时买的特产。同时，也可以对附近留守孩子的家庭给予帮助。

耳濡目染之下，孩子就会发现交朋友是件快乐和有意义的事情，也会喜欢上和大家相处。

只要家长在与他人交往中起到了积极的榜样作用，孩子也会变得喜欢交朋友。家长要主动带着孩子走出家这个狭小的空间，去接触外面广阔的天地，从“自我的小世界”中解脱出来，在与其他小伙伴交往的过程中了解自己与他人的区别，通过别人的评价正确地认清自我，学会处理好自己与其他小伙伴的关系。我们要多给孩子制造交际机会，除了让孩子感受父母的交友方式，建立正面引导，可以还通过生活中的各种场景，给予孩子实践的机会，比如：可以带孩子到附近的邻居家串门、和他们的孩子玩耍；也可以请小朋友到自己家里玩，让孩子和他们共同分享好吃好玩的东西；还可以带孩子去商店，让孩子尝试自己购物等。这样，孩子就有可能变得开朗，喜欢上交朋友。

◆ 策略二：帮助孩子选择合适的朋友

>>> 1. 教育孩子要正确认识、理解友谊

每个人都需要朋友，交到有益身心的朋友对于生活、学习都会有帮助。一段好的友谊，应该是互相帮助、促进，共同成长的。同时，交朋友要先观察一段时间，特别是对不熟悉的人，不要一见面就“自来熟”，要有一个了解、相处的过程。

>>> 2. 好品质作为第一选择

家长可以告诉孩子，如果发现对方品行端正、志趣高尚，而且互相有很多共同的话题、兴趣爱好，要珍惜这样的友谊，取长补短，共同进步。如果发现对方言行举止比较粗俗，和自己的兴趣爱好相差比较远，没什么共同语言，那么这样的友谊不宜继续。拥有良好品质和志同道合应成择友的第一标准。

>>> 3. 增强判断力

在孩子小的时候，爸爸妈妈还可以在身边帮他们判断“好朋友”和“坏朋友”，但是孩子进入校园学习，或者爸爸妈妈不在身边的时候

呢？他们还是需要有自己的判断能力。作为家长，我们要帮助孩子树立明确的是非观念，教给他们一把衡量朋友的“尺子”，当他们心中有了这把“尺子”的时候，就可以自主判断这个朋友值不值得交往了。

4. 鼓励孩子社交，营造良好的家庭氛围

孩子没有朋友，不会交朋友，到底是不是因为孤僻的性格造成的呢？家长要积极关注孩子的心理健康，及时发现和矫正出现的问题，鼓励孩子克服孤僻心理，多参加集体活动，多与同学交往；在家营造良好氛围，孩子每次取得好的表现时，给予他掌声，树立孩子的信心，为孩子勇敢迈出交友第一步做好铺垫。

5. 学会在新环境中交朋友

部分家长因为工作关系，需要到外地一段时间，有时孩子也会跟着来到家长工作的地方，开始新的学习生活。周围环境的变化，人际关系的变化，会让孩子产生迷茫。为了让孩子尽快地适应，家长要经常抽出时间陪伴孩子，聊聊天，或者带着孩子参加聚会，让孩子淡化对新环境的陌生感、不安感，慢慢打开自己的心门，勇敢地去结交好伙伴。

◆ 策略三：教给孩子与朋友之间相处的小妙招

孩子们大多喜欢交朋友，但有时候不太会和朋友相处。以前年纪小的时候黏着爸爸妈妈，爸爸妈妈总是会无限宽容体谅孩子。现在和小伙伴一起相处，大家地位一样，不会像在家一样会无条件包容自己。孩子可能还没有完全适应这样的关系转变，难免会在交往过程中有做得不够的地方，因此，家长要适当教给他们一些小妙招。

首先，让对方感受到自己的真诚。平时和小伙伴们在一起的时候，可以多使用文明用语来交流，比如“你好”“请”“谢谢”“对不起”；遇到问题采用商量的办法共同解决；要相互谦让、友好相处，这样才能交到好朋友。

其次，和朋友交往要大度。再好的朋友之间也难免会产生一些小误会，这种情况下要设身处地地多替对方考虑。即使错在对方，也不要不

依不饶，应该大度地谅解对方，这样才能有长久的友谊。比如，小伙伴不和自己玩了，家长应教育孩子可以找个合适的机会问问对方为什么不和自己玩了；如果是自己做错了，要真诚道歉，努力改正自己的毛病。

再次，要学会尊重对方。可以允许对方有不同的看法，可以允许对方交其他的朋友，可以允许对方对自己提意见……在和小伙伴们同说同玩、同笑同乐中尊重自己，尊重他人，学会管理自己的情绪和行为。只有尊重别人，才可能让别人打开自己的情感大门，接纳你，欣赏你。

最后，朋友之间交往是相互的。友情要长长久久，就不能单看朋友对自己的付出，自己也应该主动关心朋友，和他们分享好东西，特别是在朋友遇到困难时、有需要时帮助他们。

孩子们都非常喜欢与同伴交往，但由于缺乏交往的经验、能力，因而在交往过程中经常发生这样那样的矛盾，有时甚至会发生打架的现象，因此，教给孩子一些简单的交往技能是非常必要的。

珍惜友谊
——主动沟通，学会和解

案例分析

乐乐和平平是一对好朋友。有一天，乐乐拿着自己画好的一幅画给平平看，那是准备要参加校园“六一”杯书画比赛的，希望平平能给她提个意见，争取在比赛中获奖。可是，那会儿平平在看着一本故事书，正是看到最精彩的时候，所以没有细看乐乐的这幅画，就随口说了句：“画得挺好的。”说完就扭过头去和后面的同学说起了那本书的内容。平平这一举动刺痛了乐乐的心，她认为平平没有尊重她，赌着气走开了。下一节课的课间，平平已经不记得这件“小事”了，她去找乐乐一起玩，谁知道，乐乐故意在她的面前，拉着另一位同学小青的手说："你真是我的好朋友，我最爱和你玩了。"听到了这句话，平平心里很不舒服，默默地走开了。

从那时候起，这对前几天还亲密无间的好朋友只要一见面，嘴巴就噘得老高，怄着气，谁也不理谁。

乐乐妈妈和平平妈妈平时的关系也挺好的，在接送孩子的路上或路上碰见都会聊上几句。这天，她们俩聊起天来才发现，两个孩子闹了矛盾，有一段时间不交往了。于是，她们各自回家向自己的孩子了解情况。乐乐妈妈知道了事情的原委，两个朋友之间其实就是一场小误会。她告诉乐乐，朋友之间的友谊是值得珍惜的，自己要大胆走出第一步，主动沟通和好，找个机会化解一下矛盾。到了周末，乐乐妈妈借口说有事找平平妈妈，让乐乐陪她一块儿去。到了平平的家，两个大人就凑到一块儿聊天去了，留下两个孩子相处。乐乐主动和平平讲起了闹矛盾的事，平平也知道了自己有不对的地方，两人相互道了歉，终于和好了。

案例中，乐乐妈妈和平平妈妈在孩子闹别扭这件事上处理得很好，没有置之不理，而且还很巧妙地给孩子创造机会化解矛盾，也化解了孩子心中的烦恼。

其实，与朋友闹矛盾这样的事情不但成年人会经常遇到，在小孩子的世界里也时常发生。孩子与朋友闹矛盾有以下几个方面的原因。

1. 以自我为中心

现在的孩子，既有爷爷奶奶的宠爱，又有爸爸妈妈的呵护。在非独生子女家庭，家里的哥哥姐姐也会时时让着孩子，这让他们容易产生一种身份角色上的优越感，认为就算耍小脾气也会被包容和谅解。但是到了学校，和一群同龄人相处，同样的耍性子表现，可能就会遇到一些交友障碍。很多时候孩子只从自己的立场考虑问题，不懂分享，也忽略了小伙伴的感受。

》》 2. 家长过度介入

家长往往会袒护自己的孩子。一旦孩子与小伙伴发生矛盾，很多家长第一时间就会介入其中，先护着自己的孩子，或者还没有弄清楚事情的原委就责备孩子“不准吵了，谁再吵就打谁”。这种方法不仅野蛮粗暴，达不到效果，还容易让孩子产生抵触情绪。孩子吵架是因为不满，如果遭到大人的粗暴干涉，内心情绪得不到宣泄，就会加剧愤恨。

其实，三年级的孩子开始有自我管理的意识，开始自己独立面对矛盾，家长过多的介入会让孩子产生依赖的心理，不会自己解决问题，不利于孩子的独立成长。家长以成年人的身份介入矛盾，可能还会使孩子之间的对立加深。当然，在孩子矛盾激烈升级、加剧时，家长还是可以适当介入加以引导的。家长应当以一种包容的心态介入，不仅对自己的孩子如此，对别人的孩子也要多一些理解和尊重。

》》 3. 受家庭成员相处方式的影响

一个孩子在生活中所呈现的个性特点或行为习惯，其实是一面镜子，折射出一个家庭的家风建设和家庭成员之间的相处方式。如果孩子在和同伴交往的过程中经常出现矛盾，而且不懂得如何沟通、和解的话，这说明其家庭成员之间也很可能存在这样的相处方式。要是家里的大人遇到事情，第一时间不是心平气和地进行沟通，而是一言不合就吵架，形成不和谐的家庭氛围，这对孩子个性特点和行为习惯的形成会造成不良影响，他们也会用这样的方式和身边的人相处。

孩子的到来对于父母来说都像小天使一样，最初的他们懵懂无知，经过周围环境的影响，逐渐变成独立的个体。作为父母，给孩子营造一个温暖、和谐的成长环境，更有助于孩子的身心向着健康的方向发展，塑造良好的品格与秉性，减少人际交往的矛盾摩擦，从而拥有好人缘。

了解孩子

在人际交往上，对待同一件事，孩子们会表现出不同的态度和应对方式，这和儿童的成长规律有关。读懂儿童的成长规律，就是读懂了孩子。

一、开始出现排他性

三年级的孩子在与他人交往时，不再局限于和一两个小伙伴相处，而是慢慢地和多个好友形成“小团体”，团体里的成员彼此兴趣爱好接近、年龄相当、日常生活习惯相近，大家总是聚在一起做喜欢的事，开展喜欢的活动，孩子更容易获得身份和情感上的认同，在倾诉和分享中获得更多的精神支持。但是，这种同伴群体组织往往具有排他性，一旦“小团体”固定后，就要求“小团体”里的每名成员拥有强烈的忠诚度，如果群体里的某个小伙伴经常和群体外的小伙伴玩耍，团体里的小伙伴就可能会有“小心思”，再在一起交往时就容易产生小矛盾。

二、开始具备换位思考的能力

一、二年级的孩子凡事不管对错都爱告状，这是因为他们还不会判断对方的行为目的的好坏，不太能站在他人角度思考问题，所以告状会不顾及同学脸面，不分辨是非，容易发生人际交往的小矛盾。比如，同桌碰到了正在喝水的孩子，或者是经过的同学弄掉了桌角的那本书，低年级的孩子会马上向老师报告同学是故意的，而换作三年级的孩子会做出判断，意识到同学的行为可能是无意的，因而不容易因为这点小事就向老师告状。

三、容易建立互帮互助的关系

和谐的人际关系是靠维系情感、相互关怀来建立的。据心理学研究，人的本性中有一种替别人着想的倾向，特别在10岁左右的年龄段里，孩子的人际交往处于双向帮助的阶段。在此阶段，他们对于友谊的相互性有一定的了解，会通过帮助小伙伴来获得友谊，同时也期待对方能够帮助自己，在这样的互帮互助中巩固关系，可是一旦出现有一方没有表现出同样的互助行为时，小矛盾也可能会马上产生。每当出现这样的情况时，家长首先要立好榜样，自己在与朋友交往时就要对朋友多些关心和照顾。其次，培养孩子关心朋友的品质，可以从关心家人做起，让孩子体会家人对他的关爱。培养孩子爱护他人的美好品质，孩子和小伙伴之间的矛盾才有可能减少。

四、尊严意识正在形成

这个阶段的孩子和朋友闹矛盾没有第一时间主动承认错误，有时候并不是他不知道错在哪里，而是自尊心作祟，也许他早在心里认了错，可是嘴上还不认输。家长要是没有认识到这一点，这时候还对孩子不道歉的行为表示责备，就会伤及孩子的自尊。孩子没有得到足够的理解，就容易产生逆反心理，更不会去道歉，又或者会形成自卑心理：原来自己在爸爸妈妈心目中是个不大度的“坏孩子”。无论是哪一种，对孩子的成长都不是好事。在孩子与小伙伴闹矛盾、发脾气时，家长要适当照顾孩子的尊严，因为他们正在形成个人的尊严意识，希望父母能把他们当成独立的人来对待，尊重他们的想法。待孩子情绪平静后，再慢慢了解他们行为背后的原因，给予正面的引导，效果会更好。

综上所述，这个年龄段的孩子的社会认知能力和品德发展还没有成熟，他们还不能完全理解他人的动机和想法，又缺乏交往的经验，所以在遇到人际交往的问题时，往往也是不知所措的。

1. 我该怎么办

我和丹妮是好朋友，平时总是一起上学，一起学习，一起做游戏。那天，我不小心撞了丹妮一下，把她的新裙子划破了一个小口子。由于我是无心之失，而且觉得大家都是好朋友，以为她应该不会放在心上，道个歉后就没当一回事了。可是不知道为什么，这段时间丹妮对我不太热情，也很少和我玩了。我该怎么办呢？

2. 他怎么了

最近的几次单元检测中我都得到了老师的表扬，心里可高兴了，每次都忍不住和好朋友张华分享我的快乐，可是他每次都是不冷不热地回应我。后来，课间活动我再去找他玩的时候，他却拉着另一个小伙伴走开了，把我一个人落在了一边，他到底怎么了？

孩子踏入学校以后，他们的知己多了，特别看重友情。但是，由于孩子涉世未深，同龄人又都是“半成熟”的少年，不同的成长背景，不同的个性特点，使得他们在择友和交友时常出现偏差或者矛盾，我们父母在留意孩子结交朋友的同时，也要教会孩子懂得珍惜友情。

实施指南

孩子与小伙伴相互争吵是家长很头疼的事。一方面父母怕孩子争吵会引发打架，自己孩子受伤或伤害到对方，另一方面怕伤了双方父母的和气，所以很多时候，家长们往往当场训斥或揍孩子以结束这样的争吵。当孩子在学校和小伙伴闹矛盾，把情绪带回家时，不少家长也只是稍做安慰，似乎没有更好的方法解决问题。面对上述问题，家长该怎么处理呢?

◆ 策略一：耐心倾听，不要急于解决

当孩子和小伙伴发生争吵的时候，如果家长刚好在现场，应该耐心倾听他们为什么事争吵，先不要急于介入，静观事态发展，如果争吵越来越激烈、双方无法自行和解，此时家长就可以介入；如果家长不在现场，但是知道了孩子和小伙伴闹矛盾了，就要耐心询问，了解事情的原委，才能更理性客观地帮助孩子分析和解决问题。

◆ 策略二：弄清原因，不要轻易评判

孩子间一时的争吵，说明双方暂时有了沟通的障碍，或者是意见的冲突，这时候家长应该先弄清楚事情的来龙去脉，鼓励孩子勇于承认自己犯的错误，主动说声“对不起”。有时，孩子们的矛盾并没有孰对孰错，家长没有必要非评个谁是谁非不可。

◆ 策略三：少介入孩子之间的矛盾

家长的介入确实可以帮助孩子解决一两次具体的矛盾，但是孩子长时间进行集体生活，也有需要自己独自面对矛盾的时候，过多的介入会让孩子产生依赖的心理，不会自己解决。有时候家长以成年人的身份介入小矛盾，可能还会使孩子之间的对立加深。当然，在孩子矛盾激烈升

级、加剧时，家长可以适度介入加以引导，以一种呵护的姿态，不仅对自己的孩子，也对别人的孩子多一些理解和尊重。

杰明是个活泼好动的男孩子，有时候还有些霸道。有一次体育课上的活动刚好是他最喜欢的篮球。但由于球的数量不够，杰明和另一个同学抢了起来，还把对方推倒了。班主任晚上给杰明爸爸打了个电话，告诉他这件事，当时杰明并不承认错误。爸爸没有怒气冲冲地训斥杰明，他了解自己孩子的脾气。杰明的自尊心比较强，虽然嘴上没有认错，可是心里知道自己做错了。爸爸理解孩子不愿意认错的心理，等大家都心平气和了才和他充分沟通："如果当时你是被推倒的那个同学，你会有什么感受？本来打球是一项让大家都开心的运动项目，却因为你的霸道行为让大家都不高兴，岂不是好事变成坏事？"杰明在爸爸的引导下，认识到了自己的错误，第二天便主动向那位同学道了歉，并约好下一节体育课一起打球。

当孩子不愿认错时，家长不要急于纠正，而应沉住气，要根据孩子的性格特征加以引导，利用换位思考，让孩子站在对方角度想问题，唤起孩子的同理心，帮助孩子走出和好的第一步，他自己再处理起和小伙伴的矛盾时就容易多了。

◆ 策略四：找准时机，让孩子建立正确的交友观

孩子和小伙伴闹矛盾之后，往往都是在气头上。这个时候，孩子的自我意识十分强烈，如果我们和孩子讲大道理，告诉他怎么做，他很可能听不进去，因此培养孩子拥有正确的交友观要找准时机，切不可心急。

1. 疏导孩子的情绪

作为家长，要及时了解孩子和小伙伴闹矛盾后的情绪状态，如果负面情绪十分强烈，可以给予他静处的空间，先让他冷静下来。如果是多子女家庭的孩子之间吵架，可以给孩子们提出建议。比如可以说："你们

现在看起来都很生气，现在你们最需要的是冷静。你们想在这里还是回各自的房间里去冷静一会儿?”等孩子们平静以后，家长可以和他们一起处理问题，可以说：“很高兴你们让自己平静下来，刚才你们那么生气，应该是发生什么事情了吧?”接下来，再和孩子一同解决矛盾。

如果孩子出现较为强烈的负面情绪，就要帮助孩子进行情绪排解，比如跑步、跳绳，通过体育运动进行情绪宣泄；又或者大声哭出来，允许他们把心中的委屈发泄出来。只有孩子的情绪稳定了，才可以有效地帮助他们处理好交友的问题。

每个小孩都是天真善良的，虽然与朋友发生争执时，他们会生气、不开心，但是在事情过后，他们往往也会意识到自己的错误，会及时找朋友道歉，挽回友谊。小孩子间的争执难以避免，但我们要告诉他们，千万不能因一时之气，情绪上来了就恶语伤人，或动手打架。

2. 用讲故事的方法，给孩子建立正确的交友观

楠楠今天和冬冬吵架了，噘着嘴巴回到家，一进门就嚷嚷：“我再也不和冬冬玩了。上一周，他做值日的时候，我一直等着他，最后一起结伴回家。轮到我做值日了，谁知他放学后一转身就不见了。今天，我找到他，吵了一架，这个朋友太不够义气了，以后再也不和他玩了，哼!”这时候，妈妈走过来，摸着楠楠的头说：“孩子，过来，休息一下。妈妈和你讲个故事吧。”一听妈妈要讲故事，楠楠的注意力转到了妈妈这边。妈妈给他讲了《纸船和风筝》的故事。故事里讲松鼠和小熊住在同一座山，松鼠住山顶，小熊住山下。山上的小溪往下流，正好从小熊的家门口流过。松鼠折了只纸船漂到山下，小熊放了只风筝飘到山顶，他们靠着纸船和风筝联系，成了好朋友。可是有一天，他们俩为了一点小事吵了一架，谁也不理谁。过了几天，松鼠再也受不了啦，没有朋友小熊的陪伴，自己发呆，自己说话，自己玩耍，日子过得好孤单，好寂寞啊。他为了留住这个朋友，留住彼此的友谊，主动在一只折好的纸船上写上了“对不起。”小熊和松鼠又成了好朋友。

听完故事，妈妈告诉楠楠，好朋友闹矛盾了，主动沟通才会和好。楠楠明白了，第二天找到冬冬道了歉，两人和好了。

楠楠妈妈很聪明，当孩子在气头上的时候用故事巧妙地告诉孩子解决矛盾的方法，让孩子明白友谊的珍贵。朋友需要真诚地对待，要是不懂得珍惜，错过了就会悔恨不已。

家长在遇到自己的孩子和小伙伴发生矛盾，正在气头上时，不要一味地和孩子讲道理，或者让他如何做，这样是在说教，孩子听不进去，有时还会反感，收效不大。这个时候，家长可以先分散孩子的注意力，让他听听关于友谊的小故事，在故事中明理；可以和他合作玩游戏或做事情，感受大家一起努力完成任务，有人分担、陪伴的好处；可以让他先静下心来，家长再分享和朋友相处的经验……利用各种方式，巧妙地给孩子建立正确的交友观。

孩子有了正确的交友观，在出现交往矛盾冲突时，才会主动迈出沟通的第一步。只要双方有真挚的友谊，和解并不是难事。

友谊之花
——团结互助，合作共赢

案例分析

大田是进城务工人员随迁子女，刚上三年级，就因为爸爸工作的原因，转学到了县城的学校读书。陌生的学习环境让大田多了一份拘谨，没有了在乡村小学读书时的自在。半个学期过去了，大田爸爸参加了学校的家长会，从老师口中得知自己的孩子在班级里没什么朋友，这样下去，爸爸担心会影响大田以后的学习生活，变成孤独、自卑的孩子。大田爸爸向老师了解到最近学校准备举行手工制作大赛，于是计上心来。

回到家，爸爸告诉了大田这个大赛的消息，然后鼓励大田积极报名参加。大田本就对手工制作感兴趣，在爸爸的鼓励下报了名。这个大赛是需要几个同学在限定的时间里合作完成一件手工制品，用时最短、质量最好的一组获胜。

大田所在的小组是由同一个班里的几名同学组成的，由于大田的动手能力比较强，在比赛的过程中，和小伙伴们团结合作，发挥了自己的优势，最后赢得了这次比赛的一等奖。有了这次比赛的合作经历，同组小伙伴发现彼此之间的共同话题很多，纷纷邀请大田一起玩。这次大赛，大田最大的收获不是奖状，而是友谊。

案例中，大田的爸爸引导孩子在合作中获得友谊、和同学建立友善关系的做法很值得借鉴。他的教育方式是了解孩子身上的优势，鼓励孩子和伙伴们共同协作，以做好一件事为契机，帮孩子打开友谊的大门，解决了孩子转学后面临的困境。

一个懂得合作的人，能更好地适应环境并发挥出自己的潜能。但并不是所有孩子都能像大田那么幸运。孩子无法与人融洽相处，无法融入集体与人合作，其原因可以归结为以下几个方面：

1. 家庭背景的影响

家庭是每个孩子成长的“第一课堂”，父母的一言一行、受教育程度、家庭氛围对孩子都会产生一定的影响。以商量、平等对待、以理服人等方式教育出来的孩子，更容易与他人合作。这样的家庭更多通过建议和积极的鼓励来激发孩子的行为，在这种民主的教育方式下，亲子间会建立一种彼此信任和依赖的关系，孩子更容易表现出合作的意愿。孩子提出自己的想法时，父母能够予以积极的回应、反馈，孩子也容易和别人建立合作关系；父母双方职业比较稳定，且学识比较高的，孩子也能积极与人交往。反之，如果父母与孩子长期缺乏沟通，孩子一般比较孤僻，在与别人合作中容易产生抵触情绪。

2. 合作环境的影响

一般来说，孩子得到父母的宠爱，衣食住行得到最大的照顾，在充满快乐的环境中成长，他们更愿意接触爸爸妈妈营造的这种温暖的氛围。如果遇到合作交流，接触到不同个性的合作对象，往往容易出现问题。一部分孩子长期生活在舒适圈里，来到陌生的合作环境中，容易产生畏惧的心理，表现为胆小怕事，沉默寡言，无法顺利和别人合作，这是一种暂时的退缩性行为。

所以，很多时候我们会发现，有些孩子转学后，或者和父母到了一个新的环境时，原本活泼好动的孩子会变得安静，等孩子对陌生环境熟悉后，才有可能参与到人与人之间的交往中来。

3. 合作对象的影响

当孩子与人建立合作关系时，对方的身份和地位也会影响合作行为。孩子与父母，或者与比他年龄大的对象合作时，由于生活阅历少，孩子属于合作过程中的“被支配者”，更多时候是听合作伙伴的指令来完成，这种被动关系，会降低孩子合作的热情。孩子与同龄伙伴合作时，由于彼此年龄、学识、思维方式等相仿，关系平等，因而孩子在合作在过程中会主动积极参与，表现出极大的热情。要是遇到一个合作能力强的小伙伴时，他也会观察、模仿和学习同伴的行为，这样的合作关系，也能产生积极的影响。

俗话说：“一个筷子易折断，十根筷子抱成团。”不仅是转学的情况，孩子平时学习、生活的方方面面，只要与人交往，就可以利用合作来打开人际交往的大门，融入集体。团结、互助，方能结出美丽的友谊之花。

了解孩子

随着年龄的增长，孩子逐渐学会接纳同伴，孩子对他人的好感会随着接纳度的增加而逐渐增加。孩子越受欢迎，他在学习生活中会表现得越积极；孩子表现越积极，同伴们也就越容易接纳他。所以，我们家长要读懂孩子的成长规律，在必要时提供帮助和指导。

一、出现同伴群体效应，喜欢合群

低段（幼年和一、二年级）的时候，孩子喜欢黏着爸爸妈妈，有了小玩具，自己一个人也能玩得很开心。到了从儿童到少年的过渡期，孩子的群体意识开始增强，喜欢和小伙伴们一起玩耍、学习、生活，特别是与和自己性格一样、爱好差不多、平时会有很多话题的一些小伙伴更亲近。小伙伴说的话，孩子往往更能听得进去；小伙伴的事情，他会更加重视。这样的同伴群体效应，家长要好好地利用起来。为了避免孩子变成孤僻的人，在这个年龄阶段，家长就要慢慢引导孩子多交朋友，在与同伴相处时，培养合作的意识，形成团结互助的关系。

二、个性开始凸显，渴望肯定自己

孩子在群体活动中，开始出现强烈的自我意识，有时候会过于在意自己的感受而没有替他人考虑，缺乏分享的概念和与别人合作的意识。特别是在与小伙伴相处的过程中，当自己的想法没有被接纳或认同时，孩子为了肯定自己的价值，容易与他人发生冲突。这样会影响孩子的身心健康，甚至会影响将来的个人发展。这个社会需要竞争，但更需要合作，家长需要培养孩子的合作意识，让孩子融入团队中，提高孩子的合作能力。

三、出现助人意愿的短暂下滑期

随着年龄的增长，孩子的助人行为会出现一系列的变化。一、二年级的时候，孩子会很乐意地把学习用具借给小伙伴；同桌忘记带课本来上课时，也能一起阅读。但是从三年级开始，在做这样的助人行为之前，他们会有自己的一些思考：对方需要我的帮忙吗？我会不会帮倒忙呢？面对孩子的担忧，家长要在这时候帮助孩子清晰地认识到，集体生活需要合作互助，这样既能够维持良好的同伴关系，自己本身也能得到锻炼，一举两得，不要害怕自己吃亏或被误解。

四、从物质分享过渡到学习分享

分享是一种双赢的行为，能够促进人与人之间的交流和沟通，在合作中也发挥着重要的作用。幼儿时期或低年级时，孩子喜欢与伙伴们分享自己爱吃的糖果，分享好看的小人书，一起玩好玩的游戏。随着年龄的增长，这种物质上的分享会上升为学习上和情绪上的分享。比如，昨晚作业中遇到了不懂的题目时，会向自己的小伙伴取经，学一学他们是用什么方法解答出来的；最近有了小心事，会找到好朋友说一说。这种精神上的分享，会让他们更能感受到人际交往的深层价值。

其实，有些孩子在人际交往中也有合作的愿望，他们也渴望团结协助，和同伴们一起成长，但不知该怎样与同伴交流。

1. 为什么他们都不爱和我玩了呢

我爸爸平时在城里干活，这几天放假回来，还特意为我买了一架飞机模型。吃完饭，他就和我一起合作拼模型。但在拼模型时，爸爸总是说："听我的！""按我说的做！"有一次，上体育课和小伙伴们一起玩游戏，我也学着爸爸的样子，让小伙伴听我的，按我说的做。后来，他们都不爱和我玩了。为什么呢？

2. 团结合作真快乐

我是学校足球队的主力，平时爸爸总是和我说，比赛时，接到球就直冲球门，射门。那天和隔壁小学的校队比赛时，我已经把球带过了中场，忽然发现大明的位置比我好，就把球传给了他，他带球跑到球门附近时，又把球传给了避开了守门员的吴峰，吴峰射门，球进了！因为我们的相互配合，赢了这场球赛。原来团结合作真的能让我感到快乐！

如果想让一滴水不干涸，那就要把它放到大海中去。人就像那一滴水，如果这滴水不想干涸，那么就得融入社会的大海中去。同样的道理，要想使孩子在将来能够融入社会，那么就得让孩子学会与人合作。

实施指南

经常在外打工的爸爸妈妈或许深有体会：现在这个社会分工越来越精细，单打独斗就能拼出一条路来的可能越来越小，如果不会和别人相处，不会合作，就很难立足于社会。因此，我们也应该关心自己的孩子是否具有团队精神，同伴之间会不会团结互助，重视孩子的合作精神的培养。

◆ 策略一：培养孩子的合作意识

合作是一种重要的社会交往活动，善于合作的孩子会有更多成功的机会。有些家庭有好几个孩子，有的年龄差距不会太大。一遇到爸爸妈妈有事外出，兄弟姐妹待在家里的时候就特别容易发生争吵，这其实就是父母没有重视合作意识的培养。因此，孩子之间缺乏合作互助的意识时，家长要正确引导，有意识地培养孩子的合作意识。即使家里只有一个小孩，家长也要教育孩子积极融入集体，学会与人和谐共处，形成合作的意识。

李阳家三个孩子，他排第二，有个妹妹刚上小学一年级，有个姐姐已经六年级了，他刚好三年级。平时当爸爸妈妈外出打工，他们在家中照顾自己的时候，三个孩子之间吵架特别多，关系比较紧张。因此，爸爸妈妈每次外出都不放心。怎么办呢？有一个周末，爸爸叫来三个孩子，讲了一个外国老奶奶来中国之后，找了几个中国孩子，让他们配合做一个实验的故事。老奶奶拿出一个瓶子，里面有几个拴着细线的小球，现在要把瓶子里的小球都拿出来，瓶口很小，一次只能容纳一个小球通过。她说："这是一个火灾现场，每个球只有逃出瓶子才能活下去。"说完，她让每个孩子拿一根细线，时间开始了，只见几个孩子按照顺序，依次把小球取出来了，只用了不到30秒的时间。孩子们对老奶奶说："球都出来了，是不是代表都能活下去呀！"孩子的做法让老奶奶感觉很惊讶，挑战竟然这么容易就成功了。

爸爸笑着问三个孩子："你们知道实验为什么能成功吗？这其实是团结的力量，合作的力量。"孩子们明白了爸爸话里的意思，以后再遇到大人不在家的时候，他们相互照顾，团结合作，没再吵架。

除了用讲故事的方法培养孩子的合作意识，家长还可以采用一家人合作干家务活、空闲时聊天谈心、重新制定家庭纪律并依律执行等方式来提升孩子与家人之间的合作意识。当孩子在家中与家人的相处模式形成后，在团队中与他人相处时也会参照和家人相处的经验。

◆ 策略二：创造合作的机会

要培养孩子的合作意识，提高他们的合作能力，可以先尝试从家庭开始。家庭的氛围、家庭成员的关系、家庭生活的习惯等，时刻影响着孩子，所以家庭是最容易培养合作能力和创造合作机会的环境。在这样和睦、融洽的环境中成长的孩子，往往在学校和社会交往中也能表现出良好的品质，学会尊重他人，懂得团结互助。

天天家是个和睦、快乐的家庭。家里的老老少少，特别是天天的爸爸妈妈十分注重家里人的和谐关系，平时家里的大事小事，家人们都喜欢互相给点建议。比如新年到了，要给奶奶买件新衣服，奶奶喜欢舒适的运动服，但是也想买件喜庆精神的外套。在拿不定主意的时候，天天的爸爸妈妈就会积极、耐心地为奶奶提供意见；有时天天爸爸妈妈外出工作，没办法及时赶回来，爷爷奶奶也帮忙照顾天天。家长们以身作则，互助合作，为天天树立了良好的合作榜样，让天天懂得了与人交往要互帮互助，团结合作。所以在学校时，天天也能够和伙伴们友好相处，建立良好的合作互助关系，人缘特别好。爸爸还鼓励天天多参加学校里的集体活动，多和小伙伴一起合作，比如大家一起合作出墙报，一起探究学习方法，一起参加体育比赛。由于天天注重与他人的合作，和伙伴友好相处，每次评优获得的票数都是最多的。

◆ **策略三：结合个人优势，学会分工合作**

由于孩子的社会交往经验尚浅，有时在合作中遇到困难会感到不知所措，不知如何去合作，这就需要家长教给孩子合作的技巧，指导孩子如何去合作。

过年了，雨生家准备组织一次家庭大扫除，迎接新年。雨生已经上三年级了，一副小大人的样子，很有自己的主见。雨生爸爸觉得孩子独立自主的能力很强，可就是不太会与人合作，就趁着家里迎接新年，把组织家庭大扫除这项指挥任务交给他，顺便培养他与人合作的能力。一开始，雨生爸爸告诉雨生，家里的每一个成员都有自己的优势，让雨生看看怎么利用他们的优势去安排劳动任务。爸爸长得高，雨生安排他去清理天花板的蜘蛛网；妈妈清洁能力强，就安排她清洗窗帘；妹妹年纪小，刚上一年级，就扫扫地，擦擦桌子；爷爷奶奶年纪大了，不能干重活，奶奶可以去贴窗花，爷爷厨艺好，就为家人准备午饭。至于雨生自己嘛，及时留意各人的劳动任务进展情况，及时提供支援。在爸爸的提示下，有了这样清楚的分工，雨生安排的家庭大扫除，很快就完成了。一家人都称赞他特别能干。

这次大扫除以后，雨生渐渐地学会了合作。在学校里，参加体育比赛，他和其他小伙伴合作，发挥团队力量，获得了胜利；策划班队活动表演节目，他和组员商量，按照小组里同学的优势安排角色，节目赢得了观众的掌声；当小团队里的小伙伴在某件事情上意见不统一时，他会让大家发表自己的看法，一起商量可行的方案……每次和小伙伴的合作，不仅让雨生感受到了快乐，完成事情的速度也更快、更好。

团结互助、和谐相处是与人交往的润滑剂，能够让孩子们在互助中实现双赢甚至多赢。拥有良好的人际关系能帮助孩子更好地适应集体生活，保持积极向上的心态，对孩子的身心健康发展意义非凡。

所以，家长要让孩子知道，一个人的价值可以在集体中体现。有的团队成员动手能力强，有的团队成员思维活跃，有的团队成员做事认真，执行能力强。团队中的每个人各有长处和不足，孩子要在合作分工中学会发挥自己的优势，这对培养团队精神尤其重要。

家长还要教导孩子，在日常生活中培养良好的与人相处的心态，这不仅是培养团队精神的需要，而且也是获得快乐的重要方式。

延伸拓展

一、阅读推荐

1.《父母新知：让孩子学会交朋友》(作者：艾永明；出版单位：华东师范大学出版社)

理由及建议：这本书从儿童心理发展的特点着手，帮助家长弄清交往能力的内涵，借助一些实用的生活案例和心理学小技巧、小训练，指导家长如何教孩子学会交往，学会控制自己的情绪，引导孩子建立良好的同伴关系。

其中提到交往能力的几个关键点：①让孩子更好地遵守和适应社会规则，懂得尊重他人，学会与同伴相处，建立良好的同伴关系。②在面对同伴之间的矛盾、别人遇到困难的时候，他们能有解决这些问题的技能。③培养爱的能力，要热爱我们的社会和生活、学习、居住的地方，爱的情感，有助于他们成为负责、有爱心的人。

这本书还是一本素质教育操作手册，大家想更深入地对孩子的交往进行探究的话，有空时不妨找来读一读。

> >> 2.《让孩子有个好人缘》(编著：李少聪、刘悦；出版单位：北京工业大学出版社)

理由及建议：这本书通过大量的案例故事和通俗的论述，使父母们更好地理解让孩子正确与人交往的意义和学会让孩子正确与人交往的方法，告诉父母孩子需要哪些交往能力，交往中会遇到哪些障碍和烦恼，怎样帮助孩子交友以及更好地与异性相处。这本书能使孩子不但成为学习高手，也能成为一个受人欢迎的交际高手，有个好人缘。培养孩子的人缘，就是培养孩子的未来！

二、视频推荐

> >> 动画片《星际大爆炸》

理由及建议：各位爸爸妈妈，在这里为你们推荐一部好看的益智动画片——《星际大爆炸》。它能帮孩子认识到，在人际交往过程中美好与摩擦并存，即使是最好的朋友也不例外。而有效沟通是解决矛盾和摩擦的关键。

故事发生在“霜冻星球”的星际大本营，彗星、哈蕾、斯佩妮、雷达、杰特还有萨尔六人组成一个小团队，一起经营一家冰沙店。他们有时会因为性情不合而闹僵局，最终又总能在彼此身上学到很多与人相处、处理问题的方法。

影片中个性丰富的人物和影射现实的情景，能帮孩子更深入地理解他人，学会与他人和睦相处、正确合作。

影片里有一段情节：斯佩妮和彗星准备合作表演一个才艺秀节目，但在表演方式上产生不小的分歧。他们一个像夏天喜欢喧闹与刺激，一个像秋天喜欢优雅与文静。舞风和画风完全不在一个频道的两人，最终在章鱼萨尔的启发下，选择了讲故事与表演相结合的合作形式。

爸爸妈妈在和孩子观看影片时可以告诉孩子，在现实中，也常常需要和性格不一样的人相处与合作，这就需要我们怀着包容和同理的心态，去发现他人的优点，把每个人的特长发挥到最大，最终创造出“1+1＞2”的效果。

评估改进

一、自我评估

亲爱的家长，您好！您在日常生活中的实际情况与下面列出的表现是否相符？若相符，则选“是”；若不相符，则选“否”。

	是	否
① 您知道孩子有几个要好的朋友，也了解他最要好的朋友是谁。	□	□
② 您时常给孩子创造交朋友的机会。	□	□
③ 您会在孩子和朋友交往时特意营造一个好的环境。	□	□
④ 孩子与他人交友时习得了不良行为时，您会果断提醒孩子，帮助他改正自己的行为。	□	□
⑤ 您会支持孩子的社会交往，鼓励孩子多接触不同的人，尊重孩子的交友选择。	□	□
⑥ 您会和孩子分享交友的心得。	□	□
⑦ 您的孩子和朋友吵架了，会告诉您。	□	□
⑧ 孩子和朋友吵架了，您会关心、过问。	□	□
⑨ 您会和孩子分享与朋友相处的办法。	□	□
⑩ 孩子和小伙伴闹情绪了，您会给孩子创造机会，让他和朋友和好。	□	□
⑪ 您会教给孩子控制情绪的办法。	□	□
⑫ 在孩子面前，您不会和自己的家人或朋友吵架。	□	□
⑬ 您不会在孩子面前说朋友的坏话。	□	□
⑭ 和朋友吵架了，您会主动走出和好的第一步。	□	□
⑮ 您会鼓励孩子参加集体活动。	□	□
⑯ 您会鼓励孩子在集体活动中寻找同伴一起完成任务。	□	□

	是	否
⑰ 当孩子的同学频繁向您的孩子请教时，您不会觉得这会影响孩子。	□	□
⑱ 运动会上，您的孩子会为别人加油助威。	□	□
⑲ 与同伴合作时，您会引导孩子学会分工。	□	□
⑳ 遇到困难时，您会让孩子主动寻找伙伴合作帮忙。	□	□
㉑ 您会和自己的朋友合作完成一件事。	□	□
㉒ 您懂得在与朋友或同事合作时发挥自己的特长。	□	□

【评估参考】

① 选择1～9个“是”：您会关注孩子与他人交往时的表现，但是还要有引导孩子学会与人交往的意识，在日常生活中教给他与人相处的方法，学会合作，善于合作，能够融入集体。建议您在交友中以身作则，给孩子以良好的示范。

② 选择10～15个“是”：在孩子与他人交往时，您尊重孩子对朋友的选择，有培养孩子正确选择朋友的意识，能关注孩子在人际交往中遇到的问题。建议您在孩子的交友中要起到榜样引领的作用。

③ 选择16～22个“是”：在孩子与他人交往时，您尊重孩子对朋友的选择，并且懂得培养孩子正确的择友观，引导孩子在遇到人际交往的问题时，学会沟通，学会合作，明白合作的重要性。作为家长，您在孩子的交友中起到了很好的榜样作用。

二、改进计划

亲爱的家长，您好。阅读本专题后，您应该对如何引导孩子学会建立友谊、珍惜友谊、团结协作有了更深入的了解。下面请您结合实际，写出自己的教育改进计划，并逐项完成。

第五专题　助力孩子健康成长

三年级是孩子从儿童逐渐过渡到少年的关键时期，这个阶段的孩子不仅身体迅速发育，心理也发生了变化。家长们，不知道你们在教育孩子的时候有没有这样的苦恼：孩子很暴躁，喜怒无常，总要宠着哄着才行；孩子什么都不会做，事事依赖父母，缺乏自理的能力。家长们或许还有这样的疑问：孩子为什么总是否定自己呢？怎样才可以让孩子改正缺点，认识并接纳自己，健康茁壮成长呢？针对上述问题，本专题围绕孩子的健康成长，挑选了“心灵镜子”“自我认同”“学习自理”三个话题，通过生活化的故事案例，为家长介绍保持孩子身心健康的科学知识和实际可行的方法，引导家长在清楚孩子年龄特点和身心发展规律的基础上对孩子进行有效的家庭教育，助力孩子健康、快乐成长！

心灵镜子
——帮助孩子学会面对自己的情绪

案例分析

体育节上，小景要代表三年四班参加全校100米跑步比赛，他从昨晚就兴奋得睡不着。开幕式结束后，紧张又刺激的男子100米短跑比赛就要开始了，只见裁判员高举发令枪，喊道："各就各位——预备——跑！"小景听到枪响，像一支离弦的箭冲了出去，旁边的同学马上呐喊助威。小景一下子便领先了其他几名选手，可是不知道是不是因为冲得太快，小景身子一时不平衡摔倒了，其他选手到终点后他才站起来。小景知道自己已无缘冠军，内心又生气又懊丧！

小景低着头正往班级大本营走去，同班的小刚看见小景，捂住嘴笑了笑，说："听说你摔了个大跤。"小景没搭理小刚，继续走着，小刚见小景不回答，更得意了："别走呀，下次……""你不要再说啦！"只见小景突然回头，恶狠狠地推了小刚一下，小刚见小景这样，不甘心地走上去，和小景扭打成一团，最后还是靠老师和几个同学合力才把他们两个拉开……

小景一回家就把自己关在房间里，小景妈妈得知学校发生的事后，走进房间抱抱小景，柔声地安慰他。过了很久，小景的心情才有所缓和。经过妈妈的引导，小景决定明天和小刚道歉。

人人都会有情绪。情绪就像一个"万花筒"，在不断地变化着，这一刻可能是高兴愉悦，下一秒就可能会变得伤心或生气。案例中的小景，一开始作为班级的代表参加短跑比赛，他十分兴奋；因为失误摔倒错过第一名时，他很懊丧伤心；遭到同学讽刺时，他感到生气。一天之内，小景随着遭遇的不同而表现出不同的情绪，这样的情况在很多孩子身上都会出现。

孩子在做事的时候，尤其是要紧的事，可能会出现情绪起伏的情况，容易冲动，无法冷静地把事情做好；保持情绪平稳，心态积极，孩子才可能理智地想办法解决问题，把事情做好。案例中小景妈妈知道孩子处于伤心的情绪，所以用柔声的安慰，春风化雨，成功安抚小景。

那么，什么因素会导致孩子情绪起伏呢？

1. 环境影响

人是一种社会动物，个体的身心状态容易受社会环境的影响。三年级的孩子，情绪不够稳定，容易受到身边环境的影响而造成情绪起伏。当所处的环境带给自己足够的舒适与惬意时，会感到轻松、快乐；当身边的环境带给自己压迫感时，会出现情绪压抑；当自己的行为不被所处的环境所接纳时，会产生很大的压力和孤独感；当周围的人高度关注自己的时候，又十分激动与亢奋……

不同的情绪表现其实都有其社会性，会因环境而变，情绪的调节机制能帮助孩子更好地适应环境，更好地适应社会，更好地生活。

2. 家长的态度

当孩子被情绪左右的时候，作为家长，以下反应会在一定程度上影响孩子的情绪发展。

①转移孩子的注意力

面对孩子的负面情绪，家长认为这是对孩子不利的，不希望孩子停留在这种状态太久，所以当孩子伤心或哭闹时，会用孩子喜欢的东西来转移他的注意力，例如带孩子吃冰激凌或去游乐场，以此来平复孩子的情绪。这种方法虽然能解决一时的问题，但实际上忽略了孩子深层次的情感需求，阻断了孩子学习情绪调节的过程，长此以往，对孩子的成长不利。

②利用家长威严镇压孩子的情绪

当孩子产生负面情绪时，家长认为孩子是想利用负面情绪达到自己的某种目的，如果顺着孩子意，怕孩子得寸进尺，更难管教。所以一些家长会通过简单粗暴的方式，厉声批评、责骂孩子，甚至惩罚孩子，来压制孩子的负面情绪。这种方法会让孩子压抑自己的情绪，孩子会渐渐缺乏安全感。

③冷处理

有的家长看到孩子产生负面情绪时，既不责罚孩子，也不利诱孩子，而是任由孩子哭闹，或者让孩子一边待着，自己处理。孩子没有得到家长的积极引导，自己也不会处理情绪，可能会越哭越久，性格暴躁的孩子会乱扔东西，通过伤害别人来发泄情绪，还有的孩子甚至通过伤害自己来掩盖内心的伤痛。

④对孩子说教

遇到孩子有情绪，一些家长会给孩子讲各种大道理，比如“妈妈赚钱很辛苦，你要体谅妈妈，不要闹脾气了”“上次就和你讲过了，你没听，看，现在弄成这样了吧”。家长觉得孩子听懂这些道理，负面情绪就会自然而然地消失。其实这样也阻断了孩子在成长过程中的情绪体验，滔滔不绝的大道理会让孩子更烦恼，使得亲子关系变得恶劣。

上述这些因素其实都不利于孩子心理健康的发展，家长们需要了解孩子的内心所需，才能更好地引导孩子面对情绪，健康成长。

了解孩子

情绪的健康发展对孩子的一生有着不可估量的作用。如何引导孩子正确面对情绪这个“万花筒”，家长首先要了解孩子在这一阶段的心理发展特点。

一、影响三年级孩子情绪发展的因素

1. 环境因素，包括家庭因素和社会因素

生活在父母终日争吵、打骂不断的家庭的孩子，时刻处于一种不

安的状态，很怕自己的一举一动会让父母生气。长期压抑和紧张的家庭氛围会令孩子产生一系列心理问题，或胆怯内向，或喜怒无常。除了影响精神，还会影响孩子的身体，产生一系列生理问题。孩子长期压抑情绪，会导致身体的免疫力较低，容易生病，发育情况也会落后于同龄人。而随着孩子年龄逐渐增大，活动的圈子从家庭扩大到学校、社会，各类社交活动都会影响孩子的情绪。孩子生活在和谐的环境中才有健康的情绪，他们情绪的健康发展，不仅是家长的责任，也是全社会的责任。

2. 其他因素，例如天气、色彩、音乐，这些也会影响孩子情绪的发展

晴朗的天气，会给人舒爽的感觉，也会让孩子的情绪变得愉快轻松；阴雨天，孩子则会表现得闷闷不乐。红色代表热情，对孩子的情绪有激励振奋的作用；而蓝色能令激烈、亢奋的情绪平和下来。此外，大家都知道音乐对人的影响力，哀伤婉转的音乐使人心情抑郁，舒缓轻松的音乐则能抚慰人们不安、愤怒的情绪。如果想让孩子放松心情、保持积极的心态，不妨让他们多听听悠扬舒畅的乐曲。

二、孩子本身的认知水平

三年级孩子的认知水平不高，缺乏社会经验，因而对情绪的认知能力和管理能力较低。有时候，孩子的喜怒哀乐等情绪都写在了脸上。对同一件事，如果孩子学会带着积极的态度去看，就会产生积极的情绪；如果用消极的眼光去看，则会产生消极的情绪。孩子情绪如何，源自他自身对事情的看法和角度。家长要引导孩子去了解自己的情绪变化，进而学会管理自己的情绪。

三、三年级孩子情绪表达能力和控制能力的发展特点

研究表明，一至三年级，特别是三年级，是孩子学会管理、控制情绪的可塑期。孩子的情绪表达能力发展较快，从所有情绪均写在脸上慢慢转变为懂得看场合、情况表达情绪。

情绪会对大脑功能、学习效果、环境适应等方面产生影响。善于调节自己情绪的孩子遇事积极面对，心态乐观。若长期沉浸在伤心、抑郁的情绪中，孩子对事物的看法会改变，容易将失败和问题都归因于自己。如果孩子长期处于悲伤、恐惧、焦虑等负面情绪中，学习效果将会下降。因此，家长需要帮助孩子培养良好的情绪管理能力。

随着大脑的迅速发育，三年级的孩子对情绪的感知能力也在不断发展，这个阶段的孩子开始能察觉自己的情绪，也能够敏感地察觉别人的情绪，我们来听听这一阶段孩子们的心声。

1. 为什么父母生气可以乱摔东西，我就不行

爸爸妈妈整天吵架，我也变得很烦躁。爸爸每次生气的时候，就会乱摔东西、发脾气，导致我生气的时候也摔水杯、撕书本，这时你们却责骂我臭脾气，可我这都是跟爸爸学的啊。

2. 控制不住情绪，该怎么办

上次小刚在背后拍小明，小明以为是我拍的，转过身子也给我一巴掌。我一气之下，就拿书本狠狠打了他几下。事后我知道自己不该这样做，可是脾气一来，我也控制不住自己，该如何是好？

3. 我生气的时候，可以理解我一下吗

每次我难过伤心，或者生气，爸爸妈妈都无动于衷。其实他们知道我心情不好，可就是不管我，我可是他们的女儿，难道我对他们来说，一点儿都不重要吗？

当孩子遇到不同的问题，会产生不同的情绪。三年级的孩子能逐渐了解自己的情绪变化，可是在这种变化中又容易产生迷茫，不知所措。这时候家长就需要结合孩子身心发展的规律，找到问题的症结，引导孩子正确认识情绪，帮助孩子学会情绪管理，从根本上解决情绪问题，让孩子的成长多一些快乐，少一些烦恼，做情绪的小主人。

实施指南

在三年级这一阶段，孩子思维迅速发展，自我意识开始形成。日常生活中孩子出现情绪起伏而不知所措时，家长怎样做才能及时有效地帮助孩子认识、面对情绪呢？以下几点可供家长们参考。

◆ 策略一：在游戏中帮助孩子认识自己的情绪

每一个人都有情绪，情绪让我们的生活有滋有味。如何让三年级的孩子认识自己的情绪呢？家长可以通过有趣的游戏，让孩子了解、体验到各种情绪。

1. “照镜子”游戏

孩子的情绪一般会通过面部表情直观地表现出来，他们很难像成年

人一样熟练地隐藏自己的情绪。孩子的面部就像一面镜子，能清晰地反映此刻的心理活动。“照镜子”可以使一些情绪具象化，让孩子更直观地认识自己此刻的情绪。当孩子高兴时，家长可以让他看看自己笑起来弯弯的眉眼；孩子难过的时候，可以让他看看自己扁起来的嘴巴、眼角豆大的泪珠；孩子生气时，可以让他看看自己怒瞪的双眼……

2. 画一画游戏

（1）家长拿出几张白纸，让孩子在白纸上画出喜、怒、哀、惧、惊、厌等情绪的表情画。

（2）让孩子想一想今天的心情怎么样，然后在这几张情绪表情图上打钩，让他确认自己此刻的情绪状态。

（3）画完让孩子想一想，这个表情让他想起了今天发生的什么事？让孩子将这些事写在画的旁边，和爸爸妈妈一起分享。

3. 情绪猜一猜

三年级的孩子不会隐藏自己的喜怒哀乐，很多情绪都写在了脸上，家长可以和他们玩“猜一猜”的游戏。如果孩子想要积木，却因为父母没有满足而闷闷不乐，家长可以说：“让我瞧一瞧，是谁的嘴巴扁起来，向下弯呀？”孩子听到，可能就会放松自己的小嘴，笑起来说：“不是我，我才没有扁嘴巴！”

4. 家庭抢椅子大赛

（1）一家人跟随音乐围绕数张椅子走（椅子数量按参加人数减1计算，即6人摆5张，依此类推），音乐结束时，抢到椅子坐的人继续游戏，未抢到椅子的人出局。

（2）减少一张椅子，继续游戏，最后剩下的人为胜。

游戏结束后，家长引导孩子想想在游戏过程中，自己有哪些情绪。

◆ 策略二：接纳、疏导孩子的负面情绪

有些家长只要看到孩子有负面情绪，或转移他们的注意力，或责

骂惩罚，或冷漠处理。其实，要想让孩子正确面对负面情绪，家长就要先接纳孩子的负面情绪，明白孩子有负面情绪是很正常的，他们需要发泄，需要理解，需要安慰。家长要当一个耐心的倾听者，理解、接纳孩子的情绪，这样孩子才有勇气面对并认识自己的情绪。

当孩子的负面情绪产生时，他们往往会选择过激的发泄方式，例如大哭大闹、在地板翻滚不肯起来、摔身边的东西等。家长此时应该主动引导孩子，提供一些良性的发泄方式。例如家长可以和孩子说："你开心的时候可以和爸爸妈妈分享。""如果你感到生气了，可以试着有节奏地深呼吸，或者出去跑跑步，打打球。"孩子在下一次遇到类似情境时，就会知道如何管理自己的情绪。

◆ 策略三：培养孩子管理情绪的能力

情绪对孩子的学习、生活等方面有着重要的影响。心理学研究发现，能够很好地管理自我情绪、拥有积极心态的人，他们在情绪和理智发生冲突时，可以更好地用理智控制情绪；而不能控制自我情绪的人，往往会陷入不良情绪中。然而，无论是谁，都有理智无法控制情绪的时候。孩子年龄小，情绪反应更是容易不由自主，这就更加说明了学习情绪管理的重要性。培养良好的情绪管理能力，孩子尽可能多地用理智控制情绪，从不良情绪中解脱，避免行为出现偏差。那么，该如何培养孩子管理情绪的能力呢？家长们不妨试试以下的办法：

》》 1. 培养孩子表达情绪的能力

当孩子出现情绪时，家长要帮助他表达自己的感受。比如孩子高兴时，引导孩子说说此刻的心情如何，身体有何感觉，孩子可能会在家长的引导下说：身体像飘在白云上，脚尖踩着软绵绵的云朵，自己像跳跃的音符，风轻柔地拂过脸庞，感觉很轻松、快乐。当伤心的时候，孩子可能会说：天空下着大雨，自己没有带伞，浑身被淋湿了，很冷很无助。孩子在描述情绪的过程中，会更深层地了解情绪，在不断地训练下，就能更好地表达自己的情感，为进一步的情绪发育和情感认知奠定基础。

2. 为孩子营造幸福和谐的家庭氛围

幸福的家庭环境、和谐的家庭关系是培养孩子情绪管理能力的重要因素。家长在工作中受了委屈，回家以后千万不要把“无名火”撒在孩子身上。孩子是家长的“读心器”，他们能敏锐地捕捉到家长的喜怒哀乐，同时也容易被家长的情绪所左右。家长带着负面情绪回家，孩子可能是受影响最大的。因此，家长要努力经营家庭，创造和谐美满、积极向上的家庭氛围。

3. 培养孩子面对挫折的能力

现在的孩子成长环境虽然越来越优渥，但内心的承受力却越来越差。不少孩子稍微遇到一点挫折和困难就大发脾气，任凭家长怎样安慰都不依不饶，长此以往，会形成不良的情绪反应模式。家长要鼓励孩子积极想办法解决困难，培养积极的抗挫心理。

4. 父母管理好自己的情绪，成为孩子情绪管理的榜样

父母如果希望孩子能管理好自己的情绪，那么自己要先做到这一点。首先，正确对待自己的情绪，不要阴晴不定，控制好自己的情绪，不要让负面情绪影响孩子；其次，面对孩子的负面情绪，不能大声斥责，要理解孩子，引导孩子尽快从负面情绪中走出来；再次，日常生活中，以平和友善的态度与孩子沟通、与他人交往，言传身教，孩子才能够更好地学会以平和友善的情绪面对自己，积极阳光地和他人交往。

◆ 策略四：教孩子控制亢奋的情绪，不做“熊孩子”

兴奋愉悦是一种积极的情绪，有利于孩子的健康成长，一般来说，家长应该对这种情绪给予认同和鼓励。但是，如果孩子的兴奋情绪控制不好，就容易做出在公共场合大喊大叫等破坏公共秩序的行为。因此，家长要对孩子的这种情绪过激的情况加以正确的引导，让孩子管理自己的行为。当孩子过于兴奋时，父母可以怎么应对呢？

1. 细心留意，鼓励孩子表达情绪

在生活中，家长要留意孩子的情绪变化，当察觉孩子高兴时，要鼓励孩子用语言表达出来，这样会给孩子营造一种自然表达情绪的氛围，同时让孩子感受到被关注，在轻松的环境中，孩子的情绪也会更稳定。

2. 积极分享孩子的喜悦

父母在感知孩子愉悦的情绪时，应做出积极的回应，真情实感地询问孩子发生了什么事让他这么高兴，从而培养孩子表达情绪的能力。

3. 挑选适合的场所分享情绪，不影响他人

在分享情绪之前，家长需要看看周围的场所是否适合，会不会打扰或影响在场的其他人。例如，孩子坐动车的时候因为高兴而大叫，这时父母可以向周围的乘客说："不好意思，孩子没有控制好情绪，吵到你们了。"然后再轻声教育孩子，"这里不是家里，爸妈明白你现在很兴奋，但我们不能吵到别人休息。"家长应培养孩子形成自我控制情绪和行为、顾及他人的意识，引导孩子做一个有礼貌、懂得遵守公共秩序和照顾他人的人。

情绪陪伴着孩子的成长，三年级是引导孩子认识情绪、管理情绪的重要时期，家长要做孩子情绪的引导者，运用科学的方法和策略，积极参与孩子的情绪管理，提升孩子的情绪认知能力，帮助孩子学会管理情绪，让孩子身心愉快、健康成长！

自我认同
——让孩子正视自己的长处和不足

案例分析

这周少先队活动课的主题是“夸夸我自己”。活动开始了，班里面的小朋友踊跃发言，气氛热烈。

浩浩首先发言，说：“我非常喜欢劳动，上学期还得了班里‘卫生之星’的荣誉称号。平时值日，我扫完自己要扫的区域，还会主动帮助别的同学。”

羽羽说：“我的声音好听，上次代表班级参加了学校的朗诵比赛。”

最后就差小宇没有发言了。小宇低着头站起来，不敢看周围的同学，手有些发抖，心想：我只是普普通通的男孩，学习、运动都不好，我有什么优点呢？老师看出了小宇的忧虑，对全班同学说：“小宇脾气很好，上次芳芳弄坏了他的笔盒，他没有生气，笑着和芳芳说这是小事，这是不是他的优点？”同学们大声地说：“是！”老师继续说：“你们能帮小宇找找他的优点吗？”

小红举手：“上次我摔伤了腿，拿东西上楼很吃力，是小宇帮我拿的，他自己累得一头大汗也没有怨言。”小红发言后，其他同学的小手都纷纷举了起来……老师对小宇说：“你其实有很多的优点，只是因为你没有看见，优点就被藏起来了。”班级里响起一阵阵热烈的掌声，小宇知道，这是大家在鼓励他。他摸摸脑袋说：“谢谢大家，我知道了，以后我要多注意自己的优点。”

案例中的小宇在班级“夸夸我自己”的活动中对自己认识不清，认为自己没有优点，只是个普普通通的小男孩。其实，每个孩子都有自己的优点，“尺有所短，寸有所长”。案例中通过其他同学的描述，小宇才发现自己的乐于助人、踏实可靠，这些都是优点，小宇自己为什么没有发现呢？

生活中，很多孩子都不知道自己的长处和不足是什么。三年级是孩子自我发展的重要时期，受到自身心理发展水平的限制，孩子自我认识水平较低，自我认知能力不足，还不能对自己进行独立、客观地评判，缺乏自我评价能力，主要通过父母、同学认识自己的价值。而家庭环境对孩子认识自我有着重要的影响：

1. 家境贫困

很多孩子会因为家境贫困而产生消极的自我暗示。家庭富裕的孩子从小衣食无忧，家长对孩子各方面的投入会更多，但贫穷的家庭生活拮据，家长为了生计四处奔波，能解决温饱已经很不错了，所以贫穷家庭的孩子会相对胆怯一些，觉得自己低人一头。孩子如果受到同学的嘲弄，更会无地自容，长此以往，性格容易变得孤僻。

2. 父母离异

离异父母常常对孩子关心不够，容易把自己的负面情绪发泄在孩子的身上，对孩子态度随意敷衍，简单粗暴，这些行为会让孩子缺乏安全感。家庭里不和睦、不亲密的氛围，会给孩子带来消极的情绪示范，造成疏离的亲子关系。

3. 父母过高的期望

相信每一位家长都希望自己的孩子能成功，将来能有优渥的生活。不少家长因此对孩子期望值过高，只注重培养孩子外在成绩，而忽略了内在品德的培养。孩子是父母的镜子，父母若只注重外在的成绩，孩子也就只会看重这些，而忽视了内在的品质，习惯以他人的标准评判自己，对自我没有正确的认识，可能就会以自己学习成绩不好或在比赛中没有获奖为由，认定自己是一个没有长处的人。

4. 缺乏参照物

对于独生子女来说他们从小到大都是父母的掌上明珠，受尽宠爱，往往会以自我为中心，眼里只有自己，很少看到别人，因而无法进行客观理性的自我认识和自我评价。

了解孩子

针对三年级的孩子身心发展的特点，家长应该明确以下几点：

一、自我评价逐渐清晰，容易受主观情绪的影响

随着年龄的增长，三年级孩子逐渐有自我评价的能力。他们容易受主观情绪的影响，对自己的评价往往不够清楚、全面，容易抓住自己的缺点不放，在心理上不认可自己，产生强烈的自卑和挫败感。这种主观性的自我评价建立在个人主观意识上，有时会伴随着兴奋、自豪情绪的产生，但也容易导致自负心理；孩子有时会觉得别人看不起自己，感觉自身价值得不到认可，情绪就会低落，对自己评价过低，从而丧失信心。

二、过多关注自己的缺点

由于孩子的生活阅历不足，一个小小的“缺点”，在孩子的心理暗示下就会放大无数倍，孩子过分关注自己的缺点，为自己某个缺点或不当言行感到深深担忧，害怕遭到别人的嘲笑，使孩子变得自卑和敏感，不敢与人沟通。这种行为是因为孩子不接纳自己、不自信造成的，是“焦点效应”在作祟。

心理学上的“焦点效应”，又叫“聚光灯效应”，指的是有时候我们总是不经意地把自己的问题放得无限大。当我们出丑时总以为大家会注意到自己，使得自己行动更加胆怯。实际上并不是这样的，别人或许当时会注意到，但大家都有自己需要关注的事情，事后马上就忘了，没有人会时时刻刻关注自己。

三、才智与能力方面

有些孩子的思维、感知、记忆、语言等智能水平比其他孩子低，在学习中常常落后于其他孩子。这些孩子经过一段时间的努力学习，还是无法赶上其他孩子，就会对自己的能力产生怀疑，于是丧失自信心，自暴自弃。

四、孩子认知能力的限制

三年级孩子受认知能力的限制，自我认知水平不高、自我意识不强，他们对自己的认识和评价容易受他人对自己看法的影响，如果得不到别人的肯定，就会自己否定自己。当受到父母或同伴的嘲笑或冷遇时，很难调节自己的心理，认为自己就是如此，从而产生消极情绪。

另外，三年级学习任务加重了，孩子只依靠以前学的知识难以轻松应对，有些孩子不能承受这些压力，成绩下降，从而产生“自己的脑子比不上别人，水平有限”的消极自我评价。

要引导孩子正确认知自己的长处和不足，家长不妨站在孩子的角度思考，听听孩子的心声，了解孩子的想法和感受。

1. 害怕大家的关注，怎么办

我很害怕老师在课堂上的提问，站起来回答问题会让我很紧张，手心冒汗，整个人发抖。这是因为我担心老师提的问题太难，一旦我回答不上来，同学们会认为我很笨；或者回答时说错什么话，怕受到大家的嘲笑，在同学们的注目下，我会很不自在。

2. 可不可以不要只关注成绩

爸爸总说我是个懒孩子，学习成绩不好，整天只会闷在家里，不出去活动活动。可是我就是喜欢在家里静静地看看书、听听歌，很享受这样的状态。平时在家我也帮妈妈做家务，奶奶想出去走走，我也陪伴左右。你们的眼中只有成绩，难道只有学习成绩好才算是优点吗？

3. 不知道自己有什么优点

每次看到同学们在班级里侃侃而谈，在学校舞台上翩翩起舞时，他们自信发光的样子让我很羡慕，我也想像他们一样。可是看看自己，样子普普通通，唱歌也不好听，不喜欢运动，学习成绩也很普通，我真的有优点吗？

在三年级这个阶段，孩子容易对自己认识不清，看不到自己的价值，他们需要家长的理解、接纳和支持，从而形成积极的认知态度，意识到自己是有能力、有机会、有价值的，这样孩子才能和谐地与他人相处。

实施指南

孩子处于生理、心理变化的关键时期，他们还未形成客观独立的自我认知和自我评价能力，非常在乎他人对自己的看法。作为家长，该如何引导孩子自我认同，正视自己的优点和缺点呢？家长可以按以下策略进行引导。

◆ 策略一：帮助孩子全面认识自己，健康成长

一个人不可能十全十美，有优点也会有缺点，父母要引导孩子正确认识自己，既要看到自己的优点，也要正视自己的缺点，取长补短，获得更大的进步。

家长要引导孩子发现自己的优点，因为无论生活或是学习，都需要孩子的内部驱动力。当他们清楚了解自身的优点时，内心才有底气。家长可以和孩子一起在家里做一个成长树，孩子每次发现一个优点就画一个果实挂上去，出现一个缺点就把原来树上的果实摘掉。定期看一看，树上的果实有多少。也可以让孩子通过写日记的方式，记录自己每天做的事情，哪些是让自己自豪的，哪些是令自己沮丧的，这样下次孩子遇到相似的事情，就能扬长避短，发扬好的方面，及时改进不好的地方。

家长还要引导孩子正视自己的缺点。有的孩子盲目乐观、目空一切，觉得自己什么都很厉害，骄傲自大，自我评价过高，家长应注意加以引导。“天外有天，人外有人”，自己的才华再高，在这世上也有比自己更有才华的人。生活中，家长要让孩子明白虚心学习的重要性，争取更进一步。

孩子全面地认识自己，获得客观的自我认知和公正的自我评价，会为他们的人格健康发展奠定良好的基础。

◆ 策略二：引导孩子积极暗示，多表扬自己

>>> 1. 让孩子学会给自己积极的心理暗示

心理学家马克斯威尔·马尔兹说：“我们的神经系统是很‘蠢’的，你用肉眼看到一件喜悦的事，它会做出喜悦的反应；看到忧愁的事，它会做出忧愁的反应。”当孩子习惯鼓励自己，他在潜意识里也会习惯地认为自己是优秀的人。所以当孩子遇到难题或挑战时，家长可以教孩子一些积极的心理暗示，说一些鼓舞的话来鼓励自己，培养积极的心态，

例如："相信自己，我可以的""我一定能胜利""我是最棒的""我能行"等。还可以在行为上进行训练，如每天对着镜子微笑几次，抬起头走路，和别人说话时看着对方的眼睛，等等。

另外，还要让孩子避免使用消极的词语。法国心理学家埃米尔·库埃经过研究发现：少说带有负面因素的词语，可以减少负面词语对自我的刺激。比如"怎么我这么倒霉""作业怎么老是做不完""我很累了"等，这些话其实有很多消极的暗示，我们可以换用更积极的词语来给自己加油鼓劲，"怎么我这么倒霉"可以换成"这是对我的一个考验"，"作业怎么老是做不完"可以换成"作业一项一项地完成，最后总会写完的"，"我很累了"可以换成"坚持一下，情况会变好的"……这样一种积极的心理暗示能够激发孩子的潜能，让他保持旺盛的体力和精力。学会保持乐观与自信的心理，对孩子来说十分重要。

当消极情绪影响孩子心态时，父母首先要安抚孩子的情绪；当他否定自己，缺乏自信，情绪波动时，要给予他鼓励与支持，肯定他身上的优点，帮助他进取。积极的心理暗示能帮助孩子改变心态，有助于孩子克服困难，把事情做好。

著名科学家爱迪生在成功发明电灯之前，试用过六千多种材料做灯丝，试验了七千多次，但是都失败了。曾经有人问他："你已经失败了七千多次，是不是该放弃了？"爱迪生却说道："我并没有失败七千多次，我只是发现了有六千多种材料不适合做灯丝。"功夫不负有心人，拥有积极心态的爱迪生最后发现了钨丝可以作为电灯材料，成功发明出电灯，照亮黑夜，造福全世界。

2. 换个角度看问题，让孩子学会夸自己

鼓励和表扬的话语能帮助孩子重新认识自己，树立起自尊心和自信心，但这并不够，更重要的是要让孩子转变思维，明白自己是个有能力、有价值的人。比如孩子考试粗心失分时说："我做题的时候不那么粗心就好了！"家长可以安慰道："换个角度想，从这张试卷的成绩看来，你这一阶段的学习效果不错，下次更细心一些就好了。"

◆ 策略三：帮助孩子正确评价自己，做独一无二的自己

1. 引导孩子接纳不完美的自己

什么是接纳自己？其实就是接受现实，理解自己。每个人都是一个独一无二的生命体，一个人只有喜欢并接纳自己，包括优点和缺点，才能在人生的道路收获精彩。家长该怎么做才能让孩子接纳自己呢？比如让孩子接纳自己不完美的外在形象，家长可以让孩子面对镜子，看着镜子里的自己，试着对自己说："不管我长得如何，我都会接受自己，并尽可能地喜欢自己现在的样子。"让孩子明白每个人对美的评价标准都是不一样的，世界上也没有完美的人。家长应该让孩子知道，他不可能迎合所有人，要学会用自己的标准来看待自己，这样孩子才能接受自己，认同自己，关爱自己。

另外，家长在生活中要注意营造和谐温馨的家庭氛围，不把孩子的缺点当成娱乐的对象，不给孩子贴"笨""四肢不协调"等标签，使孩子有一个积极阳光的心理状态，增强自我认同感。

2. 教会孩子正确对待批评

现在很多孩子生活在赞美的环境中，特别是受到过分宠爱的孩子，基本受不得批评。家长在平常应该多教育孩子，有夸奖就会有批评，不管是在家里还是学校，老师和同学们不会总是像家里人那样什么事都依着自己，他们会提出不同的意见，要学会倾听别人的意见。接受他人的意见与建议，这样才能及时改正自己的缺点，不断充实和完善自己。

家长还要注意，如果孩子犯了错，要倾听孩子自己的说法，或许他们并不认为自己犯了错，在了解他们的想法后，再对其进行教育。也可以让孩子换位思考，比如问："如果他这样对你，你的心情会怎么样？"让孩子知道自己错在哪里，这样才能够让孩子及时改正过来。

春秋时期，齐威王颁布命令，大小官员及百姓凡能当面批评他过错的，可以得到上等的赏赐；如果上书规劝他的，可以得到中等的赏赐；能够在众人聚集的公众场所议论他的过失，并传到他耳朵里的人，可以

得到下等的赏赐。齐威王无惧批评，广泛听取臣子和百姓的意见，对朝政进行改革，使得政治清明，国力日渐强盛，威震诸侯。

3. 家长对孩子的表扬要适度

孩子会因为别人的批评产生自我否定的消极情绪，亦会因为他人的夸奖而骄傲自满。所以家长在孩子取得好成绩时，应注意给予适度的表扬，但不能过度迎合。

孩子对自己的长处和短处认识不清，很大程度会影响他今后的个性发展和品格培养，家长应该引导孩子全面认识自己，正确对待自己的缺点，发现并经常赞扬自己的优点，多给自己积极的心理暗示。家长是孩子人生道路上的导航员，相信有家长积极引导，一定会培养出一个自信、坚强的孩子！

学会自理

——引导孩子学会安排自己的生活

案例分析

小阳出生在一个“四老二青一小”的家庭中，由于父母外出打工，小阳成了留守儿童，平时都是和爷爷奶奶一起生活。作为家里的掌中宝，几乎所有小阳的事情都由家长来办，以致到了三年级，小阳还不会自己穿衣服、系鞋带，连吃饭也得奶奶喂。一天，奶奶带着小阳和邻居家的小明外出参加学校组织的研学活动。同样都是三年级的男孩子，小明自己带着一帮孩子做起了游戏，在他的指挥和安排下大家玩得很开心。小阳则躲在一旁，待在奶奶的身边一直没有离开，眼里却充满着对游戏的渴望。每当小阳有想去玩的举动，奶奶就对他说：“别过去，这跑来跑去的多危险，你好好在这里待着，别乱跑！”到了午餐时间，小明自己拿出带来的午饭，安静地吃了起来，完全是一个独立的小大人了。而一旁的小阳，奶奶正帮他剥着鸡蛋，剥好后还得递到面前他才吃；大一点的番薯，奶奶害怕他被噎着，得剥好皮一口一口地喂。这次外出研学活动，孩子本应是活动的主角，而小阳的奶奶却无疑成了小阳的“活动替代者”。

案例中的小阳奶奶由于儿子儿媳外出打工，在家的时间很少，自己心疼孙子缺乏父母的关爱，所以当孙子是个宝，平时的生活对孩子过分溺爱，致使小阳自理能力较差，事事离不开奶奶，吃、穿、住、行，甚至学校的活动，都要奶奶照顾。生活中很多孩子缺乏基本的自理能力，主要原因有以下方面：

1. 家长的溺爱

当今社会，有很多的家长像案例中的小阳奶奶一样过度溺爱孩子，爱子之心使孩子没有锻炼自己、自我独立的机会。三年级的孩子处于性格养成的重要阶段，溺爱容易使孩子性格固执、独立性差。家长为了孩子不受累，习惯了包办一切，例如：

“早上上学快要迟到了，孩子会被批评的，我赶紧帮他穿好衣服。”

“干家务活太累了，孩子还太小，不需要学，只要专心学习就行，家务我来做。”

“孩子外出旅游，东西要准备齐全才万无一失，我来帮孩子收拾。”

“孩子吃饭慢吞吞，吃久了菜都凉了，对身体不好，我喂他吃吧。”

“孩子才三年级，太小了，万一上学途中发生什么意外，可怎么是好！还是我当孩子的‘随行保镖’，管送管接吧。”

上述的行为在家庭教育中很常见，家长都有望子成龙的心理，舍不得让孩子动手做一点事情，习惯为孩子撑起保护伞，忽略了教他们生活的技能，导致孩子的自理能力越来越差，对家长越发依赖。原以为什么都帮孩子做好，照顾得无微不至，孩子就能茁壮成长，没承想这样的“爱”却是害了孩子。

2. 家长缺乏耐心

部分家长有培养孩子自理能力的意识，平时会让孩子自己试着做力所能及的事，有时候孩子也会主动要求做一些事，但是有些家长看到孩子自己做事慢慢吞吞时，就容易没耐心。比如让孩子尝试自己穿衣服，当看他穿得歪歪斜斜，不耐烦的家长可能会说："你还是把心放在学习上吧，我来帮你穿衣服算了。"有时候家长赶时间，会催促孩子快一点，如果孩子还是没做好出门准备，家长便会指责数落孩子。这样的行为会打击孩子的积极性，孩子下次也不会主动做事了。

另外，有的家长指导孩子学会了某些技能，比如洗碗、扫地。孩子虽然学会了，却并不情愿去做，这时候如果缺少家长持续的督促，孩子就会偷懒，心想反正有家长做，自理能力也就得不到提升。

3. 同伴影响

这个阶段的孩子认知水平、自我评价能力较低，在乎别人的眼光，容易受他人的影响。看到同龄的小朋友在家什么家务活都不用做，上下学有父母接送、帮拿书包，被照顾得妥妥帖帖，孩子会认为家长照顾自己是理所当然的事，就不会产生锻炼自己的自理能力的想法，继续依赖父母，让父母安排生活的大小事。

了解孩子

自理能力是孩子面对生活所要学习的重要一课。家长们需要对孩子的成长特点有所了解，才能做有效地指导。造成孩子不会安排自己的生活，依赖家长的原因可归结为以下四个方面：

一、孩子自理意识还没成熟

三年级的孩子缺乏自理的意识，当爸爸妈妈不在身边的时候，会不顾好坏，选择按自己喜欢的方式生活，缺少成年人的监督，这时候不少孩子的生活作息就会变得混乱。玩得兴奋时会忘记写作业；写作业时又会被身边其他事物影响；会自己去睡觉，但可能会在半夜踢被子……种种表现看出，不少孩子在生活中还没能很好地照顾自己，需要家长在旁督促。家长们在家的时候，可以带着孩子做简单的家务，锻炼生活自理能力，让孩子具备独立照顾自己的能力。

二、孩子抗压能力差

三年级的孩子自我意识开始显现，特别希望自己的表现能够得到别人的认同，在别人的积极赞赏中会努力去做好一件事。但这时候的他们抗压能力不强，如果在尝试新鲜事物的时候遭到家长一味地指责，孩子会感到委屈，变得不自信，从而不敢去尝试新事物，依赖家长，没有自主性。所以家长在培养孩子的自我管理能力时，每发现孩子的闪光点，都可以适当地给予表扬和鼓励，培养孩子的自信心。比如，孩子一回来就马上写作业时，孩子学会自己洗袜子、洗青菜时，家长都应该给予表扬。孩子展现在生活中新学到的技能时，家长都可以给予肯定；孩子有做得不到位的地方，家长可以委婉地提出来。除此之外，还可以给孩子多一些压力体验，锻炼他们的抗压能力，教育孩子遇事要勇敢面对。

三、孩子的自控力不强

从三年级开始，孩子进入少年期，此时会出现一种强烈要求独立和摆脱大人控制的欲望，会表现出明显的自我独立的愿望。同时，随着年龄的增长，他们对外部的依赖逐渐减少，但是自我控制能力又尚未发展起来，还不能有效地管理自己的日常行为。此时孩子会有自理的想法，想自己独立做好一件事，但是因为自控能力不强，无法独自把事情做好，又或者无法坚持下去。家长在对孩子自理能力培养的初期，就要耐心引导孩子在日常生活中提高自控力，做好自己力所能及的事。

家长要引导孩子处理好自己的事务，可以多站在孩子的角度思考，听听孩子的心声，了解他们的想法和感受。

>>> 1. 爸爸妈妈不在，我不会安排生活了，怎么办

平时爸爸妈妈在家的时候，总管着我，他们不在家时，当然要解放自我啦！先看看手机，玩游戏，然后再看喜欢的动画片。至于吃饭，饿的时候再吃，不饿就不用吃了。可是一天下来，我发现眼睛既干涩又痒，肚子也不大舒服。唉，没有爸爸妈妈，我好像不会生活了。

>>> 2. 我也想尝试，你们可不可以给我一点耐心

我看妈妈平时洗碗这么辛苦，所以想学着洗碗，帮她分担分担。一开始妈妈还是很高兴的，可看到我洗得慢，还打碎了两个碗的时候，马上开始“狮子吼”，叫我还是好好学习，别管这些了。我很委屈，心里发誓再也不学了。

>>> 3. 有你们在，我为什么要自己做

妈妈前些时间教我怎么收拾书桌，我学会了，可是收拾书桌好麻烦啊！平时忘记收拾的时候，第二天妈妈也会帮我把文具摆放好，把书桌擦干净，比我会整理多了，而且也没有责备我，那我为什么要继续自己收拾呢？反正有我妈妈嘛。

造成孩子缺乏自理能力的原因有很多，家长需明白，这不是孩子一个人的责任，在孩子成长的过程中，家庭教育出现问题也是造成孩子缺乏自理能力的原因之一，如何引导孩子学会自理，自己安排自己的事情，家长要耐心地引领。培养孩子的自理能力，助力孩子拥有健康美好的未来。

实施指南

为了孩子的未来着想，家长要有意识地从小培养孩子自理的能力，引导孩子走出父母的保护伞。如何让孩子不依赖父母，学会自己照顾自己呢？家长们必须根据孩子的身心发展特点，有针对性地给予引导，以下策略可供参考。

◆ 策略一：把握满足孩子要求的尺度

如果家长无条件地满足孩子的要求，孩子不可能学会独立自主地照顾自己，因此，对于孩子的要求，根据孩子的年龄、性格等特点，合理的，家长尽量满足；不合理的、不利于孩子独立自主的要求的，不可盲目给予满足，这样才能帮助他们摆脱对父母的依赖，在生活中慢慢独立起来。

◆ 策略二：引导孩子从做家务到安排自己的事

妈妈叫孩子做某一样家务的时候，通常会这样说："来，帮妈妈做……"这样，孩子就会认为家务活是妈妈应该做的事情，自己只是偶尔帮妈妈做，不做也是可以的。长此以往，孩子就会缺乏家庭责任感，变得不愿意做家务。引导孩子学会自己安排自己的事务，家长应该让孩子明白，作为家庭成员的一分子，有义务做家务，做家务的过程也是认识自己可为、应为之事的过程。久而久之，孩子会有意识地自己安排自己的事，比如洗自己穿过的袜子、打扫自己的房间、收拾书桌等。

小凉9岁的时候，妈妈就带她到饭桌，对她说："女儿，你已经长大了，妈妈决定把家里餐桌这块儿地方交给你管理。"小凉惊讶地说："交给我，真的?"妈妈笑着说："是呀，从今天起，你就是餐桌这地方的负责人，你要对它负责，每天记得擦桌子，打扫这附近的地面，保持整洁和卫生哦。"小凉听到妈妈这番话，可高兴了，急忙表示自己一定用心管理。然后，妈妈就教小凉怎么擦桌子、洗抹布还有扫地。自此之后，每天吃完饭，小凉都会摆出管理员的架势，认认真真地打扫这块自己管理的地方。

渐渐地，小凉不仅认真管理餐桌，还意识到自己的房间也应该自己打理。晚上写完作业，她一改往常，没有守在电视前看电视，知道安排自己的事，先收拾好书桌，然后扫一扫房间，妈妈看到后在一旁欣慰地笑了。

◆ 策略三：良好沟通，引导孩子自己的事情自己做

培养孩子自理能力的第一步是让孩子明白自己的事情需要自己做，家长可以告诉孩子：你是一个独立的个体，你的衣服、作业、文具还有玩具都需要自己收拾，别人不能帮你完成。家长平时可以为孩子创造一些动手的机会，多让孩子在家里当家做主，体会到自己管理事务的乐趣。比如外出时让孩子自己收拾要带出门的东西，家长可以在旁观察，孩子如果做得不错，可以夸孩子：这次做得很棒！相信下一次你也可以自己做，并做得更好。如果出现了疏漏，家长可以就此教育孩子：这次打碎了碗是因为你没有注意冲干净泡沫导致的手滑，下一次要再细心一点，妈妈相信你一定可以做得好。做的次数多了，孩子会渐渐明白自己的事情不能依赖他人，只有自己动手做才能越做越好。

孩子不愿意做事，家长可以试着心平气和地与孩子沟通，了解孩子不愿意做的原因，并多加鼓励和引导。有时候孩子可能是因为害怕失败，怕自己完成不了任务而退缩，这种情况下，家长可以给孩子做示范，

提供可行的方法，和孩子分析任务，突破难点，减轻孩子的心理压力。若孩子做事没有达到家长的预期或理想的状态，家长也要安抚孩子，鼓励孩子下一次继续尝试。家长和孩子保持良好的沟通，才能让孩子愿意听从家长的建议，愿意去做事，养成独立自主的好习惯。

◆ 策略四：不做懒孩子背后的勤父母

孩子的懒惰不是与生俱来的，每一个懒孩子的背后可能就有一对勤劳的爸妈，爸妈把心思都花在孩子身上，为了孩子勤快地忙里忙外，自己一点私人的时间都没有，但这真的是为了孩子好吗？孩子也有自己的喜恶，有自己想做的事情，家长过分干涉孩子的事，反而剥夺了孩子独立自主的成长空间，没有机会发表自己的想法，会让孩子失去主见，生活中得不到锻炼，也不敢自己去做事，更不会安排自己的事。所以，家长应该“懒”一些，尽量提供机会让孩子学会照顾自己，这样孩子才能不断成长与进步。

康康的妈妈是一位“懒妈妈”，但却是一位聪明的妈妈，她会适当地放手，给孩子一片空间，让他自己去成长，但又不是放任不管，该管的时候就要管到点子上。康康妈妈说康康是一个热情活泼、阳光积极、听话的孩子。生活中，她会装得懒一些、笨一些，比如早上起床的时候，康康磨磨蹭蹭要妈妈帮穿衣服、穿鞋子，妈妈就哭丧着脸跟他说：“怎么办，早餐还没做，等下要迟到了，现在还要给你穿衣服，我担心时间不够，今天我们都没早餐吃了。”康康看妈妈还没煮好早餐，只好自己学着穿衣服。慢慢地，康康学会了自己穿衣服和鞋子，早上起床会想好先做什么，再做什么，有时候康康收拾好了，妈妈还在准备呢。

◆ 策略五：适当地向孩子“示弱”

如果家长总在孩子面前表现得自己什么都会，那么孩子对家长的依赖性会越来越强，人也会越来越懒，家长应该适当地向孩子“示弱”，让孩子学会自理。和孩子买菜的时候，家长可以表现出提购物袋很吃力的样子；一些家务活上，偶尔犯犯迷糊让孩子教一教，给孩子锻炼能力、展现自我的机会。事实上，孩子很喜欢帮大人做事，那么家长就可以多创造机会，让孩子多锻炼，相信他们会变得越来越主动做事，变得越来越能干。

◆ 策略六：教会孩子学习是自己的事

不少家庭都有这样的现象：生活中，家长帮孩子打点一切；学习上，家长也包办所有，从接送孩子上下学到完成作业，一路陪学。但学习是孩子自己的事，我们应该放手，培养孩子独立学习的能力，让孩子掌握学习的主动权。

如果孩子依赖父母，由于没有父母陪着，作业错漏百出，在几次因为漏写作业、做错较多题目被老师批评后，孩子就会意识到家长不会再帮自己，他就会长记性，慢慢端正自己的学习态度。渐渐地，孩子就会变得独立自主。

◆ 策略七：孩子生病时，教会孩子照顾自己，学习简单的医护知识

孩子年纪小，容易生病，孩子一病，爸爸妈妈就会比较焦虑，有时候还有些手忙脚乱。父母平时应该教给孩子一些简单的医护知识，让孩子学习照顾自己。若有些孩子习惯了依赖父母，家长可以寻找时机，尝试角色互换，让孩子体验父母贴心照顾自己的辛苦。

家长除了教会孩子生病时应该怎么照顾自己，还可以教孩子一些简单的健康知识，比如出汗了要及时脱衣服，天冷了要多穿衣服等。另外，可以教会孩子一些应急处理的方法，比如夏天轻微中暑的时候，应该到阴凉的地方，迅速给自己扇风或用冷水擦擦脸和身子，告诉同伴自己的身体状况，请同伴陪护自己去医院或诊所治疗。

◆ 策略八：告诉孩子，要为自己的过错负责

当孩子做了错事，有些父母觉得孩子还小、不懂事，而帮孩子承担后果，这会给孩子这样的认知：就算我犯错，还有爸爸妈妈善后，自己不用为自己的行为负责。这样孩子没有机会反省自己的过失，不愿意面对错误，害怕承担后果，只能依赖父母去解决，最终难以独立自主。所以家长要引导孩子积极面对错误，鼓励孩子勇于试错。

总的来说，生活中，家长要有意识地让孩子多动手，有技巧地“偷懒”，适度放手，给孩子安排自己事务的自由，鼓励孩子自己能做的事情自己做，在孩子尝试做的时候要有耐心，容许孩子犯错，这样才能培养独立自主、自理能力强的孩子！

延伸拓展

阅读推荐

›› 1.《不一样的孩子心理学：13岁前，父母一定要懂的那些心理学》(作者：王佳；出版单位：中国华侨出版社)

理由及建议：这是一本图文并茂、色彩丰富的家庭指导手册。作者王佳是一位有着多年家庭教育研究和咨询经验的教育工作者。本书从儿童发展心理学的角度出发，结合名人案例，深入浅出地介绍了“品格心理学”“杜根定律”“尤人效应”“模仿效应”等概念，聚焦孩子在成长过程中，每一个阶段出现的不同问题，让家长站在孩子心理成长的角度，关注孩子行为背后的真正原因，解答家长关于孩子情绪、社交、成长等方面的疑惑，让家长指导孩子时有迹可循，有物可参。

>> 2.《家庭教育：为孩子的成长打好底色》(作者：高闰青；出版单位：清华大学出版社)

理由及建议：父母是孩子的第一任老师。本书的作者是一位教育工作者，也是一位母亲，她在书中真实记录了女儿和身边的一些孩子成长过程中的真实事例，从中总结经验教训，阐述了家庭教育对于孩子成长的重要性，是一本值得父母认真阅读和学习的书。

>> 3.《别插手！让孩子独立的自我管理课》(编著：范宸驿；出版单位：中国纺织出版社)

理由及建议：这本书专门为对孩子教育问题感到苦恼的家长们倾情打造。跟着这本书指导孩子的行为习惯，家长将改变自己教育孩子的心态和想法，改变与孩子的相处模式，协助孩子成为独立的、能够管理自己的人。这本书指导家长以科学有效的方式陪伴孩子共同成长。

评估改进

一、自我评估

亲爱的家长，您好！您在日常生活中的实际情况与下面列出的表现是否相符？若相符，则选“是”；若不相符，则选“否”。

	是	否
① 看完一部电影，孩子高兴地和您分享剧情，您会积极回应。	□	□
② 工作压力大，回家看孩子也不顺眼，但您不会随便朝孩子发火。	□	□

	是	否
③ 您觉得孩子的情绪表达很重要。	□	□
④ 平时您有留意观察孩子的情绪变化。	□	□
⑤ 您觉得需要培养孩子控制情绪的能力。	□	□
⑥ 孩子犯错了，您会先倾听孩子的说法再进行批评教育。	□	□
⑦ 孩子犯错时，您会让孩子正视自己的不足，和他一起面对。	□	□
⑧ 孩子骄傲了，您会善意地提醒他不要太自负。	□	□
⑨ 您会常常和孩子一起分析他身上的优点。	□	□
⑩ 孩子被同学嘲笑而心情低落时，您会积极引导他消除负面情绪。	□	□
⑪ 您会帮助孩子把他的小房间收拾得干干净净。	□	□
⑫ 您不认同孩子只需要学习，无须操心生活上的其他事的观点。	□	□
⑬ 您有教孩子扫地、洗碗。	□	□
⑭ 您有教孩子感冒时照顾自己的方法。	□	□
⑮ 您有让孩子记住最亲密的人的联系方式和应急电话号码。	□	□
⑯ 家里有设定孩子来管理的区域。	□	□
⑰ 您认为可以适当向孩子“示弱”。	□	□

【评估参考】

① 选择1～5个“是”：很遗憾，您没能掌握一定的管理情绪的方法以及培养孩子独立自主的窍门，别灰心，再看看书本的内容，与孩子一起加油！

② 选择6～11个“是”：您掌握了一定的管理情绪能力的方法，对培养孩子认识自我和独立自主的能力有一定的了解，继续努力！

③ 选择12～17“是”：恭喜您，您具备培养孩子独立自主和管理情

绪能力的意识，也对如何引导孩子正视自我的方法十分了解，快用您掌握的窍门，与孩子一起健康成长吧！

二、改进计划

亲爱的家长，您好。阅读本专题后，您应该对如何引导孩子正视自己的长处和不足，如何帮助孩子学会面对自己的情绪，如何引导孩子学会安排自己的生活有了更深入的了解。下面请您结合实际，写出自己的教育改进计划，并逐项完成。

第六专题 家校携手，共促成长

父母是孩子的第一任老师，也是孩子的终身老师。父母教会孩子基本的生活常识，但到了孩子上学时，教育似乎成了老师的事、成了学校的事。家长必须认识到，他们需要与学校建立联系，教育才能成功。家庭教育和学校教育密不可分，这是一个双向的过程。而随着时代的发展，家庭教育的作用日益凸显。越来越多的实践证明，家校共育是最有利于孩子成长的教育，因此，家庭和学校携手并肩、互相配合、彼此助力、共同开展对孩子的教育，已经成为必然。

三年级的孩子，有在同学面前表现的欲望，想在校园活动或是校园服务岗位中有一席之地，但又担心自己表现不好被同学嘲笑，从而导致自卑、胆怯。这时候，父母就是孩子最好的老师，家庭就是孩子依靠的港湾。想要孩子解决好在校园生活中遇到的烦恼，家长需要积极地引导孩子多参加校园活动和参与校园服务岗位，同时家长间可以多分享经验，和孩子共同成长。

家庭教育指导形式多种多样，家长应该积极与校共育，家校携手，尽可能地利用学校资源去引导孩子健康成长，因为孩子的大部分时间都是在学校度过，处理好了孩子在学校的事情，可以说，家庭教育就成功了一大半。

搭建平台
——引导孩子在校园活动中展示自我

案例分析

三年级（1）班的丽丽是一个文静的孩子，平时少言寡语，在班上与同学交流不多，但她也有自己的爱好——唱歌。

最近，丽丽总是闷闷不乐，原来六一儿童节快到了，丽丽从来没有参加过学校的活动，看到班上很多人都在排练节目，丽丽心里痒痒的，也想参加，但是一想到台下那么多人看，就害怕。妈妈看出了丽丽的心思，就鼓励丽丽表演唱歌，可是爸爸却认为唱歌表演也没什么用处，还得花时间练习，影响学习。

妈妈不是光嘴上说支持，而是天天陪着丽丽练，开始的时候丽丽跟着手机的音频唱，妈妈还不时地提醒她要注意表情，后来丽丽也越来越大胆，能够放开了声音唱。妈妈担心丽丽在全校那么多人面前会怯场，还拉着她在家门口练了起来。刚开始的时候，丽丽有些不适应，有些害羞，有邻居经过的时候她就会停下来不好意思唱。慢慢地，即使有人走过来，她也能边笑着跟人打招呼边唱了。看到丽丽的变化，妈妈喜上心头，往日胆怯、害羞的小姑娘蜕变了。

终于，在六一儿童节那天，丽丽为自己赢得了掌声。丽丽第一次感受到原来参加校园活动不仅可以给别人带来快乐，也能给自己带来快乐。从此，她像变了一个人似的，活泼开朗，敢于展示自己，班里的事情积极参加，学校的各项活动也积极参与。

丽丽一开始跟大部分三年级孩子一样，面对校园活动，想参加但又不敢参加。丽丽从开始的沉默寡言到后来的开朗乐观，愿意与班上的同学一起参加活动，这种变化源于妈妈的帮助。妈妈正视了孩子的问题，孩子害羞、胆怯，就不断鼓励孩子，帮助孩子一点点冲破障碍，一步一个脚印，哪里有困难，就从哪里克服，为孩子创造机会走出自己给自己设置的屏障。相反，在这件事上，爸爸的不认同不仅没有帮到孩子，反而还可能会影响孩子的心情。爸爸认为学习比参加活动重要，但其实鼓励孩子参加校园活动，展示孩子的才能，让孩子各方面都得到发展，也是孩子成长道路上不可或缺的重要一环。学校是一个小社会，多参加校园活动，增加与同学交流的机会，在适当的时候表现自己，会让自己更出色。同时，在校园活动中得到的锻炼也可以更好地促进学习。所以，父母鼓励孩子多参加校园活动，会让孩子越来越优秀。

既然参加校园活动对于孩子来说那么重要，为什么有一部分孩子对于校园活动还是犹豫、纠结呢？究其原因，大致可归纳为以下四个方面。

1. 没有得到家长的支持

孩子到了三年级，大部分家长会认为学习比较重要，把学习和参加校园活动对立起来，只看重成绩，不注重孩子其他方面的发展，这种做法是不可取的。有部分家长认为没必要参加校园活动："活动多了，孩子学习就分心了，整天想着怎么参加活动，作业还没写就想去练习唱歌跳舞；有时一放学就扔下书包不见人影，原来是去训练比赛的项目了。"这些家长认为孩子会捡了芝麻丢了西瓜，为了参加活动就把学习丢一边，而只有学习好、成绩好才是最重要的。其实，积极配合学校的教育，鼓励孩子适当参加活动，让孩子展示自我，不仅不会影响学习，反而会促进孩子的学习。校园活动也是学校教育的一部分，不同的校园活动包含着各种学习的内容，比如德育教育、劳动教育、爱国主义教育等等，我们不应该让孩子脱离校园活动，也不应该让孩子只学科学文化知识，而不重视其他方面的学习。

2. 家长的支持没有落到实处

积极配合学校教育，与学校共同努力，鼓励孩子参加校园活动，不能仅是口头上说："去吧，加油！"更多的是要有行动上的支持。丽丽妈妈在这方面做得比较好，真正地用实际行动去帮助孩子，孩子缺什么补什么，孩子怕什么练什么，而不只是口头支持。三年级的孩子相对比较小，还需要父母用具体行动去支持他们，如孩子想参加校运会比赛，不应该仅仅是同意，当孩子害怕跑不快拖后腿时，我们要做的是陪着孩子练习，哪怕孩子比赛时真的落后了也不要紧，因为家长陪伴的过程已经锻炼了孩子的意志，孩子也在参加校园活动中得到了成长，目的已经达到，结果也不那么重要了。

3. 孩子自身能力不足

孩子对参加校园活动有顾虑，很大一部分原因是孩子由于生活的环境、家庭条件等影响，认识到自身不足，认为自己没什么特长和本领可展示。这个问题确实很现实，家长应该理解孩子的这种想法，但也要让孩子明白，只要做好准备，积极应对，还是可以参加活动的。比如学校开展的植树活动，家长可以引导孩子积极参加。

4. 孩子学习的资源相对匮乏

家长们都希望自己的孩子多才多艺，但在农村往往没什么娱乐设施，有时想着给孩子培养个特长，都不知道上哪儿去学。有些家长认为自己本身也没有什么本领，孩子想学唱歌，自己五音不全，也不会教；孩子想学跳舞，自己身体动作不协调；孩子想学手工，自己也什么都不会做；孩子想在运动上赢过别人，可惜自己只有一身蛮力。不可否认，各方面能力强的家长确实能给孩子带来更多的帮助，如果家长确实没有这样的条件，也可以尝试借助别的资源，尽最大努力为孩子提供各种方便学习的平台。比如请教邻居的哥哥姐姐或者照着网上视频学。

了解孩子

对于校园生活，不同的孩子会有不同需求。只要家长正确引导，积极帮助孩子冲破内心障碍，他们是可以借助校园活动不断提高自身各方面素质和实现自我发展的。关注孩子的身心发展，我们必须要注意以下几点：

一、三年级是小学生形成自信心的关键期，但也容易产生自卑心理

三年级的孩子随着自我意识的萌芽，表演欲增加，希望得到别人认同感的愿望也越强烈。他们在别人的评价中认识到自己的价值，产生自豪感，提升自信心。能力强或者有某方面特长的孩子，更愿意展示自我，更积极参加校园活动，他们自身所展现出来的能力及特长会让他们在校园同伴中受到欢迎和认可，这进一步成为他们参加各项活动的动力，从而形成一个良性的循环。反之，经常受到同学的嘲笑或者在同伴中表现并不是很出色的孩子，往往会变得独来独往，不敢参加集体活动。孩子由于在某个方面缺失或者某项技能不足，没有得到同伴和老师的认同，从而对自己评价过低，失去信心，产生自卑心理，以后更加不愿意参加校园集体活动，这就走进了一个恶性循环。

二、三年级孩子心理素质还比较弱，容易产生紧张情绪

三年级的孩子由于生活经验不足，在一些陌生或者公众场合容易产生紧张情绪，自我调节能力比较差，所以有一部分孩子不敢或者不愿意在校园活动中展现自己。参加活动，在全校面前展示自己，本身就要克服内心的重重障碍。鼓足勇气，自信地表现自己，才能培养强大的心理素质。台上一分钟，台下十年功。一个人在成为舞台的主角前必定经历无数次挫败，孩子参与活动的过程就是不断挑战自己的过程，从中锻炼自己的应变能力。

三、孩子的好奇心不断增强

好奇心是孩子的天性，也是人获得智慧的关键，三年级的孩子有了一定的生活积累和知识储备，对世间万物都充满好奇，他们敢于去探

索、创新。家长们要呵护孩子的好奇心，善于挖掘孩子的兴趣。有的孩子对讲故事、朗诵感兴趣，有的孩子喜欢吹拉弹唱，有的孩子喜欢上山逗鸟、下河摸虾……这些都是认识世界，开拓视野的方式，并没有好坏之分。如果孩子对骑自行车感兴趣，想必身体协调能力不错，参加体育活动必然更有优势；如果孩子对花草树木、虫鱼鸟兽感兴趣，孩子可能在观察方面比较擅长，如果再尝试一些自然科学小实验，在学校科技活动中肯定有用武之地。所以家长们要把握和调动孩子的好奇心，发展孩子多方面的兴趣，引导孩子多参与学校活动，利用学校活动来挖掘孩子的潜能，让孩子朝着更好的方面发展。

孩子对于校园活动，内心既矛盾又苦恼，我们不妨试着听听孩子的心声。

1. 我也想参加，可是我怕拖后腿

爸爸妈妈外出打工了，我跟着爷爷奶奶在家生活。我平时话不多，学习比较差，也没什么特长，好像干什么都干不好。平时班上和校园的活动我其实挺想参加的，但是我知道自己能力不足，参加了害怕被同学取笑，即使参加了同学们也会觉得我拖后腿，他们肯定不希望我参加。

2. 我也想参加，可是我紧张又害怕

我也想参加班级或者学校的活动，看着同学们在台上表演，参加各种活动，我也心动了。但平时我比较胆小，就连课堂上老师的提问我也从来不敢举手，要是老师点名叫到我，我站起来就会发抖，因为很多人看着我，我会感到害怕。连走访亲戚我也会紧张，如果是亲戚来我们家，我也是经常待在自己的房间里。

3. 校园活动我无所谓，又不好玩

我对学校的活动没兴趣，谁叫我都不参加，这些活动又不好玩，我放个纸飞机都比这好玩。课间我学玩“一二三木头人”，放学了我就去骑自行车，这些都有意思多了。

4. 校园活动会影响我的学习

我的爸爸妈妈常常说参加这些校园活动没什么用处，还浪费了学习的时间。有时候我也这样觉得，我都没有时间写作业了。

对于校园生活，孩子各自有自己的看法和态度，因人而异，家长要引导孩子正确认识和对待校园活动，努力帮助孩子消除内心的障碍，积极参加校园活动，不断提高各种能力。多参加校园活动也有利于孩子学习克服困难，让孩子的成长逐步形成良性发展的趋势。

实施指南

学校教育离不开家庭教育，双方形成合力才是行之有效的促进孩子健康成长的法宝。家长要鼓励孩子多参加校园活动。家长们可以根据自家孩子的情况运用不同的方法去给孩子搭建平台，引导孩子展示自我。

◆ 策略一：为孩子创设一个展示自我的平台

美国哈佛大学加德纳教授说："对于一个孩子最重要、最有用的教育方法是帮助孩子寻找到一个他的才能可以尽情施展的地方，在那里他可以满意而能干。"对于害怕、不敢参加校园活动的孩子，家长不妨为他搭建一个平台，让他不断地锻炼自己，提高自信，克服紧张。

1. 在家里给孩子搭建平台

家是孩子最熟悉的地方，孩子在家更容易打开心扉，表现出真实的自我。吃完晚饭后，一家人可以围坐在一起，听孩子唱歌、跳舞、读诗等。家人要善于做观众，不能一边玩手机一边看，要让孩子感受到家长在专心欣赏他的表演。

另外，可以邀请小伙伴来家里当观众，有了小伙伴的鼓励，孩子的自信心能更好地建立。在家给孩子搭建平台的目的就是让孩子在校园，甚至是在社会的"舞台"上敢于展示自我。同伴的审美、评价更符合孩子的认知范围，他们能够更好地给孩子意见和建议，这样更有利于孩子的进步。

2. 鼓励孩子在班上展示自我

家长应该主动关心孩子的每一项作业，在班上的每一件事、每一项活动，关心孩子是否参与班上的小组学习和班级事务。

在班级中，处处都是孩子展示的舞台。例如，在四人小组学习探究中，孩子可以争取发表观点，展示自己独特的见解；在班级文化建设中装饰、布置教室，每一面墙都可以成为孩子展示才华的平台；在各项文艺活动中，孩子尽情展示吹拉弹唱各种本领。家长可以从孩子感兴趣的活动入手，引导孩子参与，在集体活动中获得成就感。比如孩子喜欢画画，就鼓励孩子参与到班级文化建设中，把漂亮的画作交给老师用以装饰教室；引导孩子在少先队活动中，就少先队活动主题现场作画；尝试参加班级的讲故事比赛；等等。不积跬步，无以至千里；不积小流，无以成江海。从这样的一件件小事做起，就能慢慢让孩子学会展示自我，善于展示自我。

3. 鼓励孩子参加校园活动

校园活动的开展有利于孩子走出课堂，劳逸结合，娱乐身心，提高能力，让孩子全面发展。不管是哪一类的活动，都会成为孩子施展才华、展示自我的舞台。家长可以询问孩子和老师，或者关注老师在班级群里发布的信息，关注校园活动的开展，并鼓励孩子根据自己的特长主动报名参加。如果有些活动需要家长参加，家长也应该给孩子树立榜样，积极参与，抓住言传身教的机会。有时家长甚至可以主动请缨，在活动中向老师争取亲子活动的机会。

4. 在社会活动中让孩子展示自我

社会活动能让孩子开拓视野，增长见识。家长要积极引导孩子参加社会活动，让孩子各个方面都得到提高。引导孩子在更大的社会舞台上展现自己，发挥自己的特长和能力，不断提升自我价值。

◆ 策略二：培养孩子的特长和技能，让孩子有展示的资本

对于想参加活动又不敢参加，害怕别人取笑的孩子，他们不仅仅是因为怯场，还有一部分原因是自身能力不足，条件不够，确实没有什么本领可以展示。家长平时可以注重培养孩子的特长和技能，让孩子能在众人面前自信地抬起头，也让孩子有展现自己的能力和资本。

首先，观察孩子平时的举动，发现孩子的兴趣爱好，并沿着孩子的兴趣爱好的方向去培养，如果强迫孩子去做他们不喜欢的事情，那要培养孩子掌握一技之长就比较困难。每个家长都希望自己的孩子多才多艺，能够更好地适应社会发展变化的需要。但有些家长急于求成，眉毛胡子一把抓，什么都要会，什么都去学，不知道孩子真正喜欢什么，只是盲目地让孩子跟着去参加校园活动，最后得不偿失。建议家长从孩子的兴趣爱好入手，选择孩子喜欢的方向去培养，这更有利于增强孩子的自信心。

其次，搭建平台，营造氛围，创造条件让孩子学习技能，培养特长。爱唱歌的孩子，家长可以在家里放音乐，让孩子多听听，学习歌唱的技巧，还可以进行一些亲子互动，家长和孩子在家经常一起唱一唱；

喜欢表演的孩子，可以跟着电视剧的剧情尝试模仿和表演，家长还可以成为孩子的忠实观众，有人欣赏了，孩子表演的欲望就会更强；喜欢运动的孩子，家中小院子就可以开辟成孩子运动的训练场。

◆ 策略三：鼓励孩子参加校园活动应从易到难

孩子学习的平台应该包括课内和课外，仅仅从课内获得知识而拒绝一切校园活动，并不利于孩子的长远发展。父母是否积极搭建平台、是否支持孩子极大影响了孩子参加校园活动的积极性。经常参加校园活动的孩子常常表现得十分出众，人际交往能力强、善于沟通，而这种良好的沟通能力会使他获得更多的展示自我的机会。有的孩子比较内向，不敢参加校园活动，从沉默寡言到变得乐观并不难，如果家长适当地鼓励，孩子会慢慢发生改变，慢慢走出自己给自己设置的屏障。所以，父母鼓励孩子多参加校园活动，会让孩子越来越优秀。

一个人做好一件事要比一群人一起努力难得多，为了让孩子克服害怕参加活动的心理，家长可以先易后难地引导孩子。首先是团队活动，比如大合唱比赛，孩子和大伙一起唱，没有那么大压力，孩子也容易接受这样的安排。然后再参加小组活动，几个人一起，孩子有同伴的同时，也有展示自己的一席之地。最后，鼓励孩子个人参加活动，在活动中，不光要独自承受心理压力，展示的方式也完全靠自己。经过前面的积累和锻炼，最终突破自我，收获成长，达到锻炼自我、提升能力的初衷。

◆ 策略四：选择参加课外社团活动

如今，各学校基本按要求落实“双减”政策，很多学校开设有课后社团活动，很多学校设有鼓号队、篮球队、足球队、田径队等。一般这些社团活动都是以训练某一种技能为主，新招录的成员都是从头开始学。家长可以多鼓励孩子参加，并让孩子根据自己的喜好，自己选择。随着训练的深入、技能的长进，孩子将来参加活动或者比赛就能有更多锻炼的机会。

我们可以通过让孩子参加这些难度不大的社团活动，慢慢培养孩子的特长，而不是一开始就要求他们克服参加比赛或者登台演出的压力，这样一个循序渐进的过程，是孩子乐于接受的。而在参加学校社团活动的过程中，孩子也充分发挥了自己的才能，他们会因此对社团活动充满热情，能够劳逸结合，享受生活的乐趣，感受生活的气息。这也是一种收获，远远超出了所参加活动的本身。因此，如果家长们希望孩子多参加校园活动，敢于展示自我，不妨让孩子先从学校社团活动开始吧。通过多参加这一类活动，让孩子的课后生活丰富起来，从日积月累中挖掘孩子的潜能，更好地促进孩子全面发展。

三年级的小洋性格比较内向，平时言语不多，他喜欢画画，总是喜欢沉浸在自己的世界里。他的爸爸希望他能多与人交流，性格开朗一些，看到他对画画感兴趣，就鼓励他加入学校的美术社团。慢慢地，小洋喜欢上了这个社团的活动，开始和社团里的同学交流画画的心得，他的作品也越来越好，经常得到老师和同学的赞许。小洋信心大增，人也变得开朗起来。

作为家长，我们都希望孩子能够全面发展，敢于展示自我。而校园活动就是一个很好的平台，我们家长要学会引导孩子积极参加校园活动，竭尽所能为孩子创造条件，培养孩子的兴趣特长，让孩子克服内心的障碍，朝着更好的方向发展。

分享经验

——家长间交流经验，共同进步

案例分析

一次家长会上，阳阳爸爸作为家长代表在家长会上分享经验：“在学习方面，我会看重成绩，但又不一味注重成绩。比如阳阳每天晚上的作业我都会看一遍。我不是仅仅签字，还会看他是否书写认真，如果他基本会写，说明他在课堂上是有认真听课的，偶尔有些题目不会写，我会与他一起讨论。如果我们都不会，我会让他做好标记，第二天问同学或者老师。在生活上，由于是男孩子，在农村老一辈又还是有重男轻女的习惯，因此阳阳的爷爷奶奶特别溺爱他，什么家务活都不用他做。我觉得这样是不行的，就每天安排他做一些家务活，除了收拾好自己的东西，还要做一些力所能及的事。在联系老师方面，我还是很积极的，会经常联系老师，了解孩子在校的情况。如果孩子在家在校都反映出一些不良的习惯，除了我自己教育，我也会请求老师协助改正……”

台下的家长听得很认真，有的拿笔记录下来，有的沉思，有的点头认同。家长会结束后，家长们不仅相互留了微信，有的还三五成群，边走边交流经验。

显然，这次家长会是成功的，老师借助家长代表的力量，发挥优秀家长榜样的引领作用，给全班家长都带来了直接有效的帮助，有的家长可能会感同身受，有的则举一反三，有的会引以为戒。阳阳爸爸的分享可以促进家长们总结并反思自身的家庭教育状况，从而实现家长与孩子共同成长。老师利用家长会的契机，让家长们互相学习借鉴，共同进步，从而得以在教育孩子上少走弯路。

在同一个班级、同一个年龄阶段的孩子可能会存在一些共同的问题，而家长也经常会有一些共同的家庭教育困惑，这些共性问题能激发家长之间的共鸣。在家长会上让家长代表分享经验，给其他家长提供了学习交流的平台，通过分享和沟通，家长与孩子们得以共同提高，共同成长。

既然家长间的分享交流用处很大，可是为什么有的家长不以为然呢？究其原因，大致可归纳为以下几点。

1. 家长间分享交流存在攀比、抱怨等情况

家长间的交流应该是平等、积极的，而不应该有攀比或者过多的

抱怨，这样才能形成良性互动，否则分享交流就不能持续进行。经验分享，一般都是把自己做得好的地方分享出来让其他家长学习。有时说话的方式或者态度把握不好就可能成了炫耀，为家长和孩子进行攀比提供了土壤，这样会给孩子带来不良的影响。而受助家长在听取别人的分享后，觉得自家孩子差别太大，就不免抱怨，如“我的孩子太糟糕了”之类，结果可能会让家长对自己的孩子失去信心。所以，家长之间的经验分享，一定要注意方式方法以及保持谦虚、乐观的态度，这样交流才有可能带来成效。

家长之间分享交流，有时是一方分享自己的经验，另一方学习取经，有时是相互交流，相互取经。不管以何种方式，家长们要抱着学习的态度，让孩子明白：我们只要通过努力，也可以做得一样好。

2. 家长间的交流没有真正起到作用

家长之间进行交流的目的是不断改进自己的教育方法，促进孩子的成长，然而每个孩子都是独立的个体，差异比较大，不能“一刀切”，不能用同一种方法对待。事实上，同一个年龄阶段的孩子一般都会存在不少共性的问题。有的家长会过多地强调孩子的个体差异，觉得同一个方法用在自身孩子身上不合适，从而懒得交流分享。家长的这一举措其实是故步自封，即使孩子之间千差万别，别人的经验也有一定的借鉴作用。所以既学习别人好的经验，也结合自身孩子的实际情况加以利用，才是最有效的方法。

3. 家长间的交流没有成为孩子进步的推动力

家长间的交流是为了帮助孩子成长，如果方式不好，或者孩子不接受，就难以达到效果。有的孩子不希望家长过多地谈论自己的事，可能是因为在家长交流这个事情时，孩子没有得到肯定，以致他们丧失了努力去做好的动力，甚至还会沮丧和逃避，或者干脆无所谓。所以，家长在交流分享的时候必须是以鼓励孩子为前提，使交流成为孩子进步的推动力，促使孩子改正并朝着好的方向发展。

了解孩子

孩子们对于家长间的经验交流，有的很乐意，有的却总是不那么情愿，甚至不喜欢家长间过多的交流，为什么有这样的想法呢？我们可以从以下三个方面找到答案。

一、孩子希望在家长交流时得到肯定

三年级的孩子有了一定的自主意识并对自己有了初步的认识，在乎别人对自己的评价，尤其是希望得到别人的肯定。孩子人际交往的对象往往是老师、同伴、家长，他们对孩子的评价会对孩子产生重要的影响。家长间的经验分享交流，或多或少都带有对自家孩子的评价，不管是何种形式的评价，都应该注重引导孩子正确认识自我，通过交流分享，让孩子认识到自己的优势，特别是让那些自卑的孩子能够看到自己的长处，学会自我欣赏，进而激发孩子上进的内动力，再去找找差距，听听别人的意见，更好地改进自己。

航航最近很烦恼。他为人谦和，乐于助人，与同学之间相处得比较好；他积极劳动，主动肯干，值日工作认真，扫地一丝不苟，每次值日时都是最后一个才走，深得大家的喜欢；在家也会主动做家务，很勤快。就是作业书写总是写不好，对字的结构把握不准，花了时间练习也收效甚微。他的家长和别的家长交流的时候，总是向别人取经，问怎样才能把字写好。虽然父母这样的用意是好的，但看到自己父母老是向别人请教，航航觉得自己一点面子都没有，他更希望父母下次跟别的家长聊天的时候，能说说他做得好的方面，也让其他同学学习。

二、孩子希望在家长交流时得到尊重

许多家长认为三年级孩子还不成熟，还很幼稚，在家长间分享交流时完全没有顾及孩子的感受。家长当着孩子的面分享孩子的事迹时，有

的孩子心里就会不高兴。家长常常用成人的眼光看待孩子，总想着这样是为孩子好，总想把孩子变成“小大人”。即使是各方面表现不错的孩子，家长在分享自己的家庭教育经验时，也必须要尊重孩子的意愿。有时家长自认为不错的经验分享，会给孩子带来一些困扰，比如受到同伴不怀好意的取笑，不管是何种形式的分享，必须都要先得到孩子的同意。下面洋洋的例子就给我们带来了启示。

洋洋学习成绩一般。一天，语文老师布置了一项拍摄一段朗诵诗歌的视频的作业，洋洋回家后认真地准备着，妈妈一回家就让她帮忙拍视频。妈妈看着视频中的孩子，虽说读得不是很好，但是比以前进步了，不仅敢在镜头前表现自己，而且还能脱稿朗诵。妈妈看到孩子的进步，心里乐坏了，把视频私发给老师的同时，在班级群里也分享了一份。可是第二天，有几个调皮的孩子就来取笑洋洋，学着洋洋视频里的样子。洋洋责怪妈妈，为什么要把自己的视频分享到家长群里，让其他同学看到。

洋洋遇到的情况比较常见，虽说一点小进步足以让妈妈欣喜，妈妈也想以此鼓励孩子，可是却未经孩子允许，分享了孩子的视频。家长没有站在孩子的角度思考，忽视了保护孩子的隐私和孩子之间恶作剧的影响力，因此这样的分享洋洋不喜欢。

三、孩子希望在家长交流中得到中肯的评价

家长应该对自己的孩子做出客观的介绍和评价，不可夸大其词，更不能以此来炫耀。有的孩子听到过度赞扬的话会沾沾自喜、骄傲自大，觉得自己好像没做什么就能得到大力表扬；有的孩子听多了这一类的话，不但起不到激励的作用，反而引起自己的反感。

另外值得注意的是，有的家长为了向别的家长请教，总是习惯性地先贬低自己的孩子，以此希望别人指点迷津。这样是不可取的，甚至方法经验没学到就先把自家孩子击垮了。

关于家长间的交流，孩子们有什么想法呢？我们不妨试着听听他们的心声。

>>> 1. 其实我也很不错，您看到了吗

我希望爸爸也说说我好的方面，老是听爸爸当着我的面和别的家长聊天，夸奖他们的孩子做得好的地方。其实我也有做得好的地方，虽然我语文学得不好，但是我算数厉害啊；虽然我字写得不如同桌的工整，但我跑步比他快啊。这些您看到了吗？

>>> 2. 我也有秘密，能少说点我的事吗

我已经长大了，我有我自己的想法，我不想我的家长和别的家长老是聊我们孩子的事，我也有隐私啊，我的事希望父母不要管那么多。

>>> 3. 这有什么好聊的，也太无聊了吧

大人们爱聊什么就聊什么呗，我无所谓，他们聊他们的，他们爱折腾让他们折腾去。爸爸妈妈总是在我耳旁唠叨，我都听腻了，我才不管他们呢，反正他们影响不了我。

家长间的交流分享大有益处，这是毋庸置疑的。我们在交流分享的过程中要尊重孩子，还要看到孩子的长处和短处，评价也要中肯，好的方面需要及时给予肯定。

实施指南

每个家长对孩子教育的看法都不一样，哪怕是同一件事，不同的家长也会有不同的认知和想法，因此，家长间应该分享交流，让彼此更了解自己的想法和做法，从而借鉴学习。

策略一：有选择地与家长交流

1. 与同班家长进行分享交流

孩子与同班同学的联系最紧密，他们在班级里一起学习、生活，他们有着相同的课堂学习经历和课间活动。与同班家长间的分享交流，是最直接、最有效的提高家庭教育水平的措施，同班同学可能面临着相同的问题，从别的家长的教育经验中，可以获得比较实用的方法。

2. 与孩子的好朋友的父母进行分享交流

每个孩子都会有自己的好朋友，常常课间一起做游戏，放学后一起回家，有什么悄悄话一起分享。这样一来，和孩子好朋友的父母的分享交流就显得特别重要了。比如不知道孩子最近遇到什么事情，突然就变得不开心了，也不愿意告诉父母。这时，从其他孩子的父母身上可能会得到一些线索，因为孩子间或多或少会知道一些情况。几位家长可以一起商量对策，对症下药，更快地帮助孩子。

3. 与家庭情况相同的家长进行分享交流

家庭是孩子成长的第一所“学校”，在相似或者相同的家庭环境下，孩子可能存在一些相似的问题。例如对于留守儿童家庭，孩子因缺少父爱母爱所表现出来的一些问题，可以通过与情况相同的家长交流，从别的家长的经验中更了解自己孩子的心理。

◆ 策略二：创建多种交流的渠道

>>> 1. 多种分享交流的方式

家长会上家长与家长交流的方式固然好，但还应创建多种家长与家长的经验交流的渠道，毕竟家长会的次数少，交流也比较短暂。我们日常生活中家长间分享经验的方式还是很多的，比如接送孩子时当面聊，利用班级社群聊或者私聊，等等。

>>> 2. 分享交流的内容不限于学习

虽然目前阶段孩子的主要任务是学习，家长之间见面难免想获得别家的孩子在学习上的经验，从而更好地指导自己孩子的学习。可是，想让孩子成人成才，仅仅关注学习方面显然是远远不够的。家长们可以分享孩子良好性格的形成，有的孩子活泼可爱、乐观自信，有的安静、善于思考，有的顽强拼搏、肯吃苦。家长们还可以分享孩子的兴趣爱好，甚至可以交流孩子平时在交友方面的困惑和如何让孩子做好自我保护等安全教育和身心健康发展教育，等等。总之，关于孩子所有方面的内容都可以交流分享，从中获得宝贵意见。

三年级的蕾蕾是一个乐于和人分享的孩子，自己有好书，也愿意推荐并借给同学看；自己学习上有不懂的问题，也会主动请求同学的帮助。蕾蕾总是说："我妈妈都那么努力学习了，我哪有不学的道理。"原来，蕾蕾的妈妈就是一个好学积极的人，想做不会煮的菜，除了请教别人，还会在手机软件上学习。在蕾蕾学习的问题上，妈妈更是高度重视，对于平时老师布置的任务，自己不会的，她就向老师或者其他家长请教；对于班上家长的问题，她也是第一个出来解答，成了班级群里最活跃的家长。好经验不吝啬分享，有不懂不羞于请教，这样的行事作风对孩子的影响、帮助很大。

◆ 策略三：定期线上交流

对于农村家庭来说，因为父母外出务工比较多以及乡村家庭居住相对分散，平时家长之间很难见一次面，家长们可以在互联网社群里分享家庭教育的经验，相互传递一些家庭教育的资料或者关于孩子的相关学习内容等，这样可以随时学习。

家长与家长之间的分享交流，是为了让受助家长不断总结自身的家庭教育经验，不断反思自身的问题，促进家长共同成长。可以每周定一个主题，家长们轮流担任分享主讲人，邀请孩子一起参与，每次先让孩子说说自己最优秀的一面。孩子成了一期交流活动的焦点，就会使出浑身解数展现自己最好的一面，可以是语音分享，可以是视频分享。如果孩子善于劳动，可以分享孩子的劳动过程和劳动成果。最终目的都是为了孩子的教育，不管何种形式的交流，都应将交流所学到的方法触类旁通，引导孩子成长。

◆ 策略四：定期开展相约周末的活动，互帮互助

在线上分享交流常见且实用，但是偶尔换种方式、换个地点，来场别开生面的相约周末线下活动，既新鲜又好玩，也更能让孩子接受。让孩子在玩中向同伴学习，这些实实在在能够看得见、听得到、摸得着的例子展示在眼前，孩子学起来也更容易。对于家长来说，这样的方式，也能实实在在地看见别的家长在某件特定的事情上是如何引导和教育孩子的。家长们可以利用周末休闲时光带孩子到野外走一走，或者经常组织一些小型的亲子活动，如亲子运动会、亲子游园活动等，既可以娱乐身心、增强亲子关系，家长间还可以借此机会互动，不着痕迹地向别人学习，孩子也会更喜欢这种方式，从而更有利于他们向别人学习。

邻近的、相熟的几个家庭甚至可以组成一个互助小组，发挥不同家长的优势，利用家长的资源，让孩子抱团发展。孩子的某些能力的形成，必须在集体中或者与他人的交流中习得，如孩子的沟通能力、交流合作能力等。几个家长结成互助小组，有利于孩子的成长，如有的家长擅长打乒乓球，周末可以由这位家长带着这几个小孩在小区或者村里打球，孩子既有玩伴，又可以与同伴相互学习，这对孩子的教育和各种习惯的养成就更有助益。

对于孩子写作业拖拉、拖延的问题，铭铭的妈妈就特别有办法，基本能让孩子在有限的时间内完成相应的任务，住在邻近的几个小孩如果也存在这个方面的问题，家长们就能相互学习、合作。如写作业时，让孩子们到铭铭家中做客，由铭铭妈妈负责监督，家长则从旁学习。

交流与学习，这是提升与发展所需的必要条件，家长间分享交流经验的目的，就是不断总结和反思自己的家庭教育，从而不断提高自身教育孩子的能力。家长之间多交流，利用优秀家长的辐射力量，带动更多的家长改进自己家庭教育的方法，使大家共同进步，更好地与学校教育结合，培养孩子成人成才，让孩子健康、快乐成长。

发挥优势
——鼓励孩子参与学校各种服务岗位

案例分析

校园服务岗位招新啦！孩子们跃跃欲试。

案例一：影响学习，反对参加

亮亮回到家里后，询问妈妈意见，妈妈却让亮亮先去做作业；去问爸爸，爸爸觉得亮亮总是想着这些事情，对学习的事都没那么重视，还生气地说："看你写个作业都要到很晚，如果有时间，不如先好好写作业，把学习搞上去。"本来还在犹豫的亮亮被爸爸泼了一盆冷水，只好默默地收起了传单。

案例二：理解孩子，全力支持

奕奕兴高采烈地跑回家，一冲进家门，就喊起来："妈妈，妈妈，校园服务岗位招新了！”妈妈看着激动的奕奕，也凑过来看看孩子手里的传单。“你打算报哪个岗位呢？你对这些岗位了解吗？”随后妈妈跟奕奕一起研究学校的服务岗位，再结合学校的情况，了解每个岗位大概都做些什么工作。妈妈还鼓励奕奕根据自己的优势去竞选一个合适的岗位，这样当选的概率就大多了。

案例三：无暇顾及，缺少关注

强强看到其他同学都十分兴奋，自己心里七上八下的。他知道问妈妈也是白问，从小到大，妈妈好像都没有时间管他，很多事都是强强自己想做就做，不想做就不做。这次也一样，他懒得问家长，但自己心里对竞选服务岗位的事没底。

这三位同学都报了名，结果只有奕奕如愿地当选，亮亮和强强都落选了。

从以上三个家庭的案例不难看出，在参与校园服务岗位中，家长的态度很大程度上决定了孩子是否积极参与。案例一中亮亮没有得到家长的支持，家长认为学习比其他都重要；案例三中强强妈妈对孩子缺少关注，无暇顾及孩子，孩子在家长那里得不到任何帮助。而案例二中的奕奕自信大方，积极参加竞选，在竞选前能做好准备工作，这离不开家长的鼓励和支持，可以看出这个家庭的亲子关系和谐，家长注重家校共同教育，让孩子更好地成长。

关于孩子参加校园服务岗位这件事，有的孩子不想参加，或者是参加了但没有达到预期效果，没有得到锻炼，究其原因，主要有以下几个方面。

1. 没有得到家长的支持，把学习和校园服务对立起来

如今是知识经济时代，学习对于每一个人来说都十分重要，但学习的内容绝不仅仅是书本知识。孩子学习成绩好固然重要，但是一味地追求成绩，忽视其他方面的培养，孩子将来也会难以适应社会。部分家长认为参与学校的服务岗位会因花费比较多的时间而影响学习，但家长应

该明白，除了学习，孩子其他方面的能力培养也不能忽视。孩子的教育不能光靠书本的知识，而应该通过各种方式让孩子成为一个全面发展的人。校园服务岗位就是一个很好的让孩子锻炼的平台。事实上，参加校园服务岗位的孩子在学习上并没有受到影响。这两者之间的关系应该是相互促进的，我们不能把它们对立起来。

2. 家长对孩子缺少关注，没有注重孩子综合素质的培养

部分家长忙于工作，无暇顾及孩子各个方面能力的培养，对校园服务岗位缺乏认识，忽视了校园服务对孩子的积极影响，所以对孩子是否参加并不关心甚至反对。其实校园服务的意义也很重大。

参与校园服务岗位，可以增强孩子的集体责任感。学校生活是集体生活，一个班级就是一个团体，一个小组就是一个团队。人的生活离不开集体，孩子的集体意识、合作能力及自信心等都可以在团体中获得。当用量化的形式规范班级中孩子的行为时，班级与班级间无形中形成竞争关系，学生就会自觉地维护班集体的荣誉。而参与学校的服务岗位能够发挥孩子的小主人翁精神，小小管理员的服务对象就是自己的同学，就要为整个班集体变得更好而出力献策。

参与校园服务岗位，孩子身心可以得到和谐发展。传统的学生管理方式是一种强制管理的方式，学生作为被管理者被动地去执行老师布置的任务。因此，学生容易缺乏热情，依赖于老师的监督管理，等待老师发号施令，不会积极主动地去完成自己的任务。

3. 参与校园服务岗位，没有从孩子的实际情况出发

孩子在参与校园服务岗位中没有达到理想的效果，一是因为许多孩子没有根据自身的实际情况来选择岗位，只是盲目跟风，二是家长没有做好孩子的参谋，只知道参加校园服务岗位对孩子有好处，就叫孩子参加，其实这对孩子来说不一定是好事，不能因为别人参加了，自己也跟风参加。虽然服务岗位能够锻炼孩子各方面的能力，但是孩子做不下去，或者做不长久，对孩子来说就是一种负担了。家长应从孩子自身的情况出发，根据孩子的优势，选择适合孩子的岗位，同时也尊重孩子的意愿，不强迫孩子去参加。

了解孩子

校园设置服务岗位的目的在于让孩子做小主人，提高管理能力，积极参与到学校的建设发展中来。孩子们对参与服务岗位有着不同的想法，我们可以了解孩子们产生这些想法的原因。

一、思想仍未成熟

三年级的孩子阅历尚浅，思想不成熟。有些孩子以为参加服务岗位能够凌驾于其他同学之上，服务意识不强。

羽羽因竞选时的优秀表现而当选学校纪律委员。当选后，羽羽每个课间都会在走廊巡视，一旦发现有同学做危险动作或者奔跑打闹，就会上前制止。时间久了，羽羽开始感觉手中的权力比一般的同学大了，就开始针对几个曾经闹过矛盾的同学，经常会命令他们做事情。

二、自控能力不强

从三年级开始，孩子有时会出现强烈要求独立、摆脱成人控制的欲望，他们会表现出对独立的渴望，对外部的依赖减少，但自身控制力又未能发展起来，还不能有效地调节自身行为。在校园生活中，自控能力不强的孩子很多，在三年级尤为明显。三年级孩子的独立性增强，随着年龄的增大，希望摆脱一些束缚和限定，所以违反日常行为规范的情况比一、二年级时多一些。

我平时一下课就冲出教室，哪里人多往哪里凑，经常不戴红领巾，我们班很多被扣分的地方估计是从我身上扣的，有时我位置上的垃圾，我自己都懒得捡，等着值日生扫。上课时我也总会忍不住讲话，有时还会离开位置，在老师和同学的眼中，我就是坏学生，经常被老师和同学“重点关注”。如果我去竞选卫生监督员，大家肯定要笑掉大牙。可是我又想试试看，体会一下管理班级、管理他人的感觉，该怎么办呢？

三、有一定的自主决定能力

很多家长会鼓励孩子多参加与校园服务有关的事务，有时会通过精神或者物质方面的奖励激励孩子参加，但是这样并不能长久。随着孩子的身心发展，他们渐渐能够通过自我调整，具备一定的自主决定的能力。比如自信的涛涛，觉得自己有一定能力能够胜任体育委员这个岗位，并在岗位上为同学服务。因为涛涛平时积极锻炼身体，在这方面确实有一定特长，而且他比较有耐心，体育课上他也经常教同学们一些运动技巧。他能够结合自身的特点，发挥自己的优势，在岗位竞争中赢得大家的支持。

关于参与校园服务岗位，我们不妨试着听听孩子的心声，了解孩子的想法和感受。

1. 看我怎么收拾他们

我终于当选学校纪律委员了，哈哈！以前跟我过不去、总是跟我作对、跟我吵架的人，今天我能管他们了，看我怎么收拾他们。以后他们看到我都得乖乖听话！

2. 同学会选我吗

我也很想参与校园服务，可是没有人相信我能做好，大家都觉得我比较调皮，自己都管不好。但我想竞选体育方面的岗位，因为运动是我的特长。同学们会因为我平时的表现而不选我吗？

3. 我也想试试，可是我有点害怕

我也挺想参与校园服务的。戴上袖章的人多神气啊，他们能成为老师的左右手，得到老师的赞扬，同学也羡慕，我也好想去试一试啊！可是我又不敢报名，我胆子有点小，竞选演讲时我会紧张。而且，如果当选了也会面对很多麻烦，要是遇到很凶的同学或者是高年级的大哥哥大姐姐在校园里做了不应该做的事，我不敢纠正他们的行为。

4. 我能带领大家做好

爸爸妈妈常常教育我要乐于助人，平时我也会去帮助学习上有困难的同学，因此我想去竞选学校学习委员。我学习能力比较强，可以向大家分享我的学习方法，和大家一起学习，我想带领大家把学习搞好，我觉得我能胜任学习委员这个岗位。

作为家长，我们都希望孩子能从校园服务岗位中得到锻炼，提高能力。有时家长不太了解孩子在学校中的表现，对孩子参加服务岗位的真正想法没有摸透，所以要主动和孩子沟通，了解孩子的内心想法，孩子想参加，多鼓励；不想参加，也尊重。

实施指南

校园服务岗位的设立，目的就是让学生自主管理，不管是管理者或者是被管理者，最终都要做到遵守学校纪律，形成一个有秩序、精神面貌佳的校园氛围。每个孩子都不能脱离校园生活而存在，每一个孩子都要在学校的大环境中学习和生活。学校是孩子们自己的学校，校园管理应该让孩子们参与，发挥主人翁精神。家长鼓励孩子积极参与校园服务岗位，做自己的小主人，可以从以下几个方面入手。

◆ 策略一：让孩子认识到“小岗位，大责任”的道理

每个孩子对岗位的态度，以及对岗位工作的完成质量，差异性比较大。有些孩子认为自己选上后就可以随意命令别人做事。家长要引导孩子明白设置校园服务岗位的目的是服务同学、参与学校建设，而不是满足个人私欲，要告诉孩子“小岗位，大责任”的道理，帮助别人才是参与校园服务岗位的初心。

对于还需要别人帮助，尚缺乏自我管理能力的三年级孩子来说，“责任心”似乎还是比较深奥的话题，对于这个年龄段的孩子进行责任心的培养需要一些方法，我们可以从以下两个方面培养孩子的责任意识。

》》 1. 寻找家庭小岗位

家庭是孩子接触最早、最熟悉的集体，家长可以根据家庭情况，在家里先寻找一个合适孩子的岗位，让孩子分担家务。家庭成员之间担任不同的服务岗位，并定期轮换，如清洁员——负责扫地、倒垃圾；炊事员——负责做饭做菜；节能员——负责监督家里是否做到随手关灯；植物管理员——负责给植物浇水。孩子先在家担任一种岗位，做好该岗位的工作，服务好全家人，让孩子明白自己虽然担任了一个小小的岗位，却是家中不可缺少的一分子，承担着一定的责任，如果做不好，整个家

里都会受到影响。

灵灵在家担任起了“学习委员”，负责监督管理家庭成员的学习。她计划每位家庭成员每天必须有阅读的时间，还可以利用这段时间进行亲子阅读。要是爸爸妈妈玩手机，不想阅读了，她就会对爸爸妈妈进行“教育”。

2. 学会为班级服务

孩子每天在班级中学习，班级事务中有许许多多的服务机会，如值日生、小组长、保洁员、卫生监督员、早读领读员、纪律管理员、红领巾检查员等等，每一项事务都要靠全班同学共同做好。班级管理员是全班同学选出来的代表，只有真正做好为班级服务，才能让全班信服。

莉莉是劳动的一把好手，在家把家务做得井井有条，在学校值日一丝不苟。当同学们推荐她担任班级劳动委员的时候，她不太乐意，她觉得这是大家不愿意做的事才叫她去做。莉莉妈妈看出了莉莉的心思，语重心长地跟她说：“这个岗位虽然是个小小的岗位，却承担着大大的责任，班级的第一门面就是清洁卫生。你带领全班搞好卫生，就是一项最重要的成就。而且大家为什么都选你？就是相信你能做好。”莉莉明白了“小岗位，大责任”的道理，积极投入到岗位服务中来，表现也越来越好。

◆ 策略二：引导孩子根据自身情况选择适合自己的服务岗位

1. 让孩子了解每个服务岗位的要求及服务内容

学校一般以少先队大队部为中心，设立大队委，由大队长、副大队长、大队升旗手、大队组织委员、大队学习委员、大队宣传委员、大队文娱委员、大队体育委员构成校园服务岗位。同时在各个班级设立中队长、小队长协助大队部开展日常工作。很多孩子以为服务岗位只是每天巡查、检查各项校园工作，是学生中的领导。其实很多孩子并没有真正了解这些岗位的用意所在，只想着当上了就高人一等，这样的想法是不可取的。比如大队宣传委员，要组织管理大队部的广播站、板报的制作和评比，负责队部室、校园橱窗宣传阵地的布置，负责宣传校内外大事，宣传校少先队里的好人好事，等等。孩子在参与校园服务岗位时，一定要先了解清楚工作服务的内容，以明确自己努力的方向。

>> 2. 让孩子正确认识自己，发挥优势，把工作做好

家长们在鼓励孩子参与校园服务岗位时要让孩子正确认识自己，认识到自己的优势是什么。只有发挥优势，才能事半功倍，提升服务效率。多数孩子可能会选择管理权力大或者可以显示自己能力的岗位，而对那些不起眼、工作烦琐的岗位避而不选。孩子应该根据自己的优势，选择适合自己的岗位，比如孩子喜欢运动，在体育技能上有一定优势，就可以积极参与校园体育活动，协助老师开展体育运动项目，帮助更多的同学热爱运动，参与运动，这或许比自己跟风选择岗位要更有意义。

◆ 策略三：从他律到自律，引导孩子发自内心地规范自己的言行

校园服务岗位的设立目的就是让孩子自主管理，实现人人遵守纪律，遵守行为规范。无论是管理者还是被管理者，大家都朝着一个方向努力——遵守纪律、文明礼貌、团结合作，各方面全面发展。孩子们应该不断规范自己的言行。

>> 1. 让孩子学会自我管理

学校设立服务岗位，就是要求孩子的行为符合规范，比如课间不在走廊追逐打闹，上下楼梯靠右走、轻声慢步；讲卫生、不乱扔垃圾，讲文明、不说脏话。设立校园服务岗位的目的就在于学生共同管理学校。不管是管理者还是被管理者，校园管理都有约束的作用，能提高学生们的自我管理能力。

>> 2. 让孩子不断反思自己的行为

孩子在履行自己的岗位职责时会不自觉地反思自己的行为，在服务

岗位上应以身作则，做好自己，才能更好地服务大家。家长可以以此为契机，鼓励孩子参与服务，规范自己的行为。

童童妈妈认为童童自己都管不好自己，不太可能胜任学校的服务管理岗位，虽然童童妈妈的顾虑有一定依据，但后来还是听取了老师的建议，鼓励孩子去参加校园服务岗位的竞选。没想到，童童成功当选，且一改平日的懒散，做起事情来规规矩矩。这次上岗成了童童转变的契机，他通过服务其他同学开始学会反思过往自己的行为，并积极改进。

家校携手，促进孩子成长，家长要不断鼓励孩子参加校园服务岗位，引导孩子明白“小岗位，大责任”的道理，知道根据自身情况选择适合自己的服务岗位，通过参与其中，让孩子发自内心地规范自己的言行。这样孩子能力在各方面都能得到锻炼，朝着越来越好的方向发展。

延伸拓展

一、阅读推荐

1.《校园表演类活动指导手册》（编著：陈思瑾；出版单位：吉林出版集团有限责任公司）

理由及建议：书中介绍了歌咏、绘画、乐器、书法、舞蹈、口才、表演等方面的基本知识，家长在指导孩子参加校园活动时，可以先和孩子学习这些知识，再对孩子做出针对性的指导。书中有部分内容是用于校园文化艺术活动的组织管理、策划等，家长也可以参考，在家给孩子组织一个小型的艺术活动。除此之外，书中还介绍了节庆、会展、行为、环保、场馆等不同情境下的活动开展形式，家长们也可以借鉴并创设不同场景锻炼孩子展示自我的能力。

> >> 2.《好父母 好家教——魏书生谈家庭教育》(作者：魏书生；出版单位：漓江出版社)

理由及建议：本书是教育界传奇人物魏书生的经典著作，他既是一位神奇的班主任，也是一位成功的父亲，是真正从一线教师成长起来的教育家。魏书生的家教经验角度独特，是从无数成功的教育案例中总结出来的，实在又实用。本书浅显易懂，是联结家长、学生、教师三者之间的桥梁，是加强家庭、学校凝聚力的一本好书。家长们可以借鉴这本书介绍的做法，在指导孩子方面得到启发，提高家校合作的能力，促进孩子成长。

二、视频推荐

> >> 舞台剧《木偶奇遇记》《丑小鸭》《狮子王》《雪孩子》《小红帽》

理由及建议：孩子们对这些经典故事的内容比较熟悉，除了书本和影视剧，还可以观看舞台剧，感受舞台剧独特的艺术性。家长可以借亲子共赏的机会，和孩子一同感受演员的姿态、动作、对话、独白等，鼓励孩子模仿学习。

评估改进

一、自我评估

亲爱的家长，您好！您在日常生活中的实际情况与下面列出的表现是否相符？若相符，则选“是”；若不相符，则选“否”。

	是	否
① 您支持孩子参加校园活动。	□	□
② 您对目前学校组织的校园活动感到满意。	□	□
③ 您经常为孩子参加校园活动提供帮助。	□	□
④ 您会和其他家长分享家庭教育的经验。	□	□
⑤ 您觉得家长间的经验分享对您的帮助大。	□	□
⑥ 您的孩子喜欢您跟其他家长分享育儿经验。	□	□
⑦ 您参与家庭教育经验分享给孩子带来了良好的影响。	□	□
⑧ 您会将从别的家长的经验中收获的方法付诸实践。	□	□
⑨ 在经验分享中您常常会思考更适合自己的方法。	□	□
⑩ 您认同参加校园服务岗位工作不仅不增加负担，而且可以促进学习，是实践性知识的补充，可以增长孩子的本领。	□	□
⑪ 关于孩子参与校园服务岗位，您愿意支持孩子参加并坚持下去。	□	□
⑫ 您赞同“孩子做好服务工作，是一件好事，也是一件光荣的事”这个观点。	□	□
⑬ 您认为孩子参与校园服务岗位是有必要的。	□	□
⑭ 您不认同“学校教育是学校教育，家庭教育是家庭教育，两者是独立的，家长只管好孩子在家的事就行了”这个观点。	□	□

【评估参考】

① 若您选择“是”较多，说明您重视孩子各个方面的全面发展，能与学校共同为培养优秀的孩子而努力，能积极引导孩子参加校园活动；您对校园服务岗位设置的目的比较了解，并且十分支持；您比较认同家长间的经验分析，并给孩子带来积极的影响，由此可见您的家庭教育是有效的。

②若您选择“否”较多，说明您还需加强家校共育意识，对校园活动和校园服务岗位需要有全面的认识，多去了解校园活动和服务岗位对孩子的好处，多花点时间和精力，鼓励孩子积极参加。同时您还要不断提高自己的认识，尝试着改变一下自己与孩子的交流方式和方法，寻求最适合自己的家庭教育方法，促进孩子不断进步。

二、改进计划

亲爱的家长，您好。阅读本专题后，您应该对如何引导孩子在校园活动中展示自我，如何与其他家长交流经验，如何鼓励孩子参与学校各种服务岗位有了更深入的了解。下面请您结合实际，写出自己的教育改进计划，并逐项完成。